OMOSESSUALI FELICI - ARRINGA DI DIFESA UNIVERSALE DEGLI OMOSESSUALI CONTRO GLI ATTACCHI DEMONIACI CATTOLICI, ORTODOSSI E ISLAMICI

First edition. January 1, 2025.

ISBN: 979-8230620020

Written by Vox Populi.

Vox Populi

Omosessuali Felici

Arringa di Difesa Universale degli omosessuali contro gli attacchi demoniaci cattolici, ortodossi e islamici

2025

omosessualifelici@mail.com

«La ragione procede dalle ragioni,
non dall'autorità!»
Francesco Bacone

«Non si salva il mondo dal di fuori»

Papa Paolo VI
'Ecclesiam Suam' n. 59

INDICE

00. Premessa

Gran parte delle religioni del mondo, ad oggi, non favoriscono l'esistenza di omosessuali felici. *Felici in amore,* intendo.

Infatti, legando la felicità alla eterosessualità, propongono ad un omosessuale di diventare felice... *diventando eterosessuale (o castrandosi per sempre).*

E' ovvio che questa è una soluzione "sbrigativa", di corto respiro, “magica”, oppure banale, elementare, selvatica, tanto sempliciotta quanto martoriante. Si smonta da sé, e nel libro approfondiremo in un paragrafo a parte.

Neppure una società omosessualista – quale è diventata la società occidentale 2024 – favorisce l'esistenza di omosessuali felici. Cercherò di spiegare lungo il testo le ragioni di quest’ultima controintuitiva affermazione; intanto, in questa premessa, solo alcune fondamentali premesse.

Una società sanamente e naturalmente... diffusamente eterosessuale, facilmente scivola nell'*eterosessualismo*, cioè in una difesa ad oltranza delle PROPRIE categorie di "maschio" e "femmina", a volte un po' «rigide» o «vecchie».

Vorrei rassicurare l’omosessuale: *non è normale il bullismo e la maleducazione*, ma il senso di stupore e di straniamento che leggi negli occhi dell’altro quando confessi: «sono gay!», è del tutto normale, umano, inevitabile – non dovresti sognare di estirparlo per sempre dalle coscienze del mondo! – e dovresti tollerarlo ampiamente perché è assolutamente giusto e logico che un cane capisca e comprenda bene i cani suoi simili ma non le aquile, che l’orso guardi con stupore l’aquila volare sopra i boschi, e l’aquila l’orso i boschi penetrare; che una volpe ami cacciare lepri e galline e non si sfami di lumache, di cui è invece ghiotto il rospo. Neppure tu, nudo e arrabbiato militante dei gay pride, capisci che non è possibile che tutti ti capiscano come vorresti essere capito? Che tutti ti vedano come solo tu ti vedi?

Siamo tutti diversi!
Profondamente!

Basti l'educazione (ed un minimo di legislazione contro i *crimini).* Un Occidente stupido, malamente guidato, ha creduto di poter risolvere alla radice questo problema – quello della naturale (e sana) incomprensione per tutto ciò che è disallineato rispetto ai propri gusti – inserendo d'ufficio la «propaganda gender» nelle scuole, in tv, in modo che tutti i piccoli delle nuove generazioni non partoriscano mai più "schemi" sessuali.

Lo dirà la storia quanto ciò farà del bene al mondo, intanto qui qualche logica previsione: non farà bene al mondo.

Il motivo è che è corrotta la sua radice, il principio da cui tale visione promana: nessuna politica e nessun politico, finanziere o filantropo dell'umanità dovrebbe combattere contro ciò che sorge naturale, semplice, spontaneo e bello nella mente e nel cuore degli uomini, fra cui, appunto, quel candido *stupore per ciò che non è come me.*

Se all'Occidente piacque divenire
culturalmente aggressivo,
perché non adoperarsi per imporre
finalmente il dialogo ed il
pluralismo ideologico,
anzichè la censura e teorie
pre-confezionate a scuola
e in ogni tv sulla "Vera Verità"?

Così, mentre l'omosessualismo occidentale vuole cancellare dalla faccia della terra, dai volti, dai libri e dalla storia ogni differenza rigida tra maschio e femmina, un omosessualismo illuminato tollera e perdona l'eterosessuale che vuole rimanere eterosessuale e difende questa scelta SENZA PROVARE a copulare con omosessuali, transessuali, femboy o omgirl; senza riempire film e sceneggiati di gay, neri, cinesi e gretini che nella realtà più comune restano minoranza.

L'omosessualista illuminato non impone ai non-omosessuali, infanti o maggiorenni, la *«esperienza prima della Scelta definitiva»*, perché in un certo senso è come il cattolico illuminato: sa che per conseguire la virtù non occorre fare prima tutti i peccati del mondo!

Non serve andare con mille donne prima di scegliere quella che sarà tua moglie; e non serve abbattere ogni barriera del pudore e della vergogna, per trovare e godere del vero amore!

Così, *lasciate che i bambini restino bambini.*

Mettete le vostre ragioni scolastiche da parte, e allontanate dalla sessualità le troppe ragioni scientifiche: non c'entrano nulla con essa!

Ciò premesso, ho qualcosa da ridire pure sul fronte opposto: quello religioso.

LODE ALLE SFUMATURE!

Questo libro intende sfumare i due sacri aspetti del divino e dell'umano, maschile e femminile, non per arrivare a promuovere la formazione di un essere umano androgino, ma per fletterli alle richieste degli *spiriti-nella-Storia.*

Uno "spirito nella Storia" è un maschio o una femmina che in base ad alcune circostanze terrene, familiari, emotive ed infantili, psicologiche, avverte uno spostamento della propria libido verso esseri umani diversi da quelli indicati dai genitori e/o dalla cultura sociale/religiosa di appartenenza.

Personalmente ritengo che tale viraggio verso l'omosessualità non possa essere annullato o precluso del tutto, perché la "fluttuazione" ha una causa fisica, genetica, credo però possa essere guidato intervendo nella psiche del bambino, in terapia insieme ai genitori *finché è ancora molto piccolo.*

Ergo, una volta cresciuto, mi spiace, la frittata è fatta.

Le uova si sono rotte!

E non sarà possibile ricomporle.

In paragrafi a parte di questo libro, parlerò sia del perché Gesù Eucaristico non potrà salvare un omosessuale dalla sua omosessualità neppure dopo molti anni di adorazione a lacrime e sangue – sia della su citata *predisposizione naturale* o «fluttuazione», per vederla non come male o come difetto ma come qualcosa che se sta ancora nel dna non mozzata da nessun Dio, un qualche bene deve pur contenere in sè!

Vorrei terminare questa premessa approfondendo il tema della... "sfumatura" e delle sfumature in arte come in ambito culturale, antropologico e sessuale.

Potrebbero essere cose belle?

Se ci pensiamo bene, la Storia ha sempre agito nella storia nel seguente modo: prima pianta un modello (molto fisico e carnale) – si serve a tale scopo di *pochissimi* uomini (più spesso solo uno); poi fornisce con le gambe e i cuori di altri uomini i pensieri e le ragioni per mettere in pratica quel modello in maniera diffusa e sistematica; infine dona, come rivestimento superiore (e ciliegina sulla torta), gli strumenti per ammorbidire il modello! Questi sono come una squadra speciale di arredadori dopo che la casa è stata costruita in tutte le sue ossa!

Diversamente narrato: lo Spirito del mondo prima proclama il Bene, e poi si predispone ad accogliere qualche "male" dentro questo bene. *Sbilancia l'equazione perfetta.*

Prima celebra il trionfo del sole a mezzogiorno, infine si ferma e pensa: «*...ma non è che anche l'alba e il crepuscolo e le stelle notturne erano belle?*».

In questa maniera la popolazione mediamente cresce e comprende molte sfumature che all'inizio non poteva comprendere e su cui non poteva riflettere semplicemente perchè "*Il Canone*" non era ancora stato ufficialmente promulgato.

Per portare a perfezione un canone,
devi prima pubblicarlo nella sua
versione base!

Gesù, le Religioni, la Politica e persino la Scienza a volte danno l'impressione di andare avanti con la severità, il frastuono e la sicurezza di una spargitrice di bitume nelle strade, ma fanno ciò soltanto come

PRIMO VELOCE ATTO DI SEMINA; in seguito gli uomini avranno molto tempo per *abituarsi* all'idea appena seminata, che è senz'altro veramente «giusta»; essa successivamente crescerà, il seme si adatterà al mondo reale, al clima; il caldo, l'umidità attiverà alcuni processi genetici ma non altri, sorgeranno alcune diffficoltà o malattie che, superate, trasformeranno internamente la pianta; l'idea che all'inizio ci eravamo fatti della piantina, infine sarà *superata* dalla storia, ed ogni patata sarà così diversa dalle altre!

Sono nate le **sfumature**.

> Quando la Storia raggiungerà il punto segnato da Dio, un nuovo progresso avanzerà e con esso una *nuova definizione di Umano*, più completa, più matura e perfetta.

La categoria standard di maschio e femmina, di una *copula fisiologicamente bipolare* e di una condivisione vitale rigorosamente eterosessuale, appartengono a quella serie di idee che devono prima essere illustrate alle masse in pompa magna, per trovare solo più tardi le naturali ed ovvie *eccezioni alla regola*.

E così, infine, *maschio non è chi porta i pantaloni, e femmina non è chi prepara da mangiare ai bambini.* Ma **all'inizio era meglio pensarla così!** E' uno schema, un paradigma *naturale* che facilita la comprensione di molte cose... esso deve continuare ad esistere! Ma integrando anche le "sfumature".

A scanso di equivoci, questo libro – a dispetto del suo titolo – non può dare la felicità agli omosessuali, in quanto la felicità non è frutto di una vita razionalmente vissuta e di una mente eccezionalmente limata.

Vedendo che il cattolicesimo ortodosso umilia l'essenza dell'omosessuale ricorrendo niente poco di meno che all'amore di Dio – che ho conosciuto come Persona altamente evoluta – alla fine mi sono deciso a pubblicare una serie di ragionamenti che vorrebbero scomporre e portare in superficie quelle argomentazioni avanzate da preti e devoti cattolici a vantaggio di una libertà e bellezza artificiali.

In realtà iniziai a comporre questo testo molti anni prima, in seguito ad alcune accese conversazioni, ma allorquando vidi che l'Occidente si era appropriato della causa omosessualista, imponendola – quindi sporcandola – le pecorelle smarrite non mi parvero più così bianche ed indifese, ed allora decisi che era meglio non fornire ulteriore legna a quel fuoco profano. Tuttavia oggi scorgo su youtube venerabili sacerdoti che ancora cadono, sul tema dell'omosessualità, in considerazioni talmente infondate, ingenue, sciocche!

L'obiettivo di questo lavoro non è dunque "generare omosessuali felici", ma *permettere* agli omosessuali che si sentono cattolici nel profondo, di essere *almeno sereni* e...

...per le *giuste ragioni!*

Infatti **di *"Omofobia Lieve"* ne siamo affetti tutti, omosessuali compresi!** L'abbiamo bevuta nel biberon!

L'omofobia è quell'indistinto *disagio* che ci sentiamo addosso quando da persone colte ed istruite quali siamo, a parole diciamo di rispettare tutto e tutti, ma poi sentiamo agitarsi nel nostro intimo potenti «*però*».

Questo libro vorrebbe esplorare uno ad uno quei "però" rimasti nascosti nella jungla, consegnandoli finalmente alla luce.

I

Omosessualità come «rifiuto del Diverso»

L'arringa di difesa cattolica contro la liceità dell'amore omosessuale, chiama a deporre medici ed infermieri i quali testimoniano che esiste una diversità fisica fra uomo e donna, data dai cromosomi XX e XY, gonadi maschili e gonadi femminili effettivamente esistenti, peli, baffi, mancanza di peli e mancanza di baffi.

Tale diversità, indica il Magistero a tutti i suoi accoliti, è un "dato" che non si sono inventati i cattolici, e dunque dovrebbe precedere e fondare ogni riflessione anche di chi non è cattolico!

Orbene, conclude il Magistero, **bisogna difendere con le unghie e con i denti tale *differenza***, ed ogni omosessuale che "dimentica" tale differenza copulando con creature del suo stesso sesso, offende la specie cui appartiene, la sua propria natura ed il Creatore di tutte le specie e di tutta la natura: Dio.

Tutto questo "logico" ragionamento il magistero lo abbozza con divina premura seguendo essenzialmente 2 linee:

1. Le prescrizioni di Mosè sul linciaggio degli omosessuali (maschi), espresso a più riprese nel VT.
2. La famosa invettiva di San Paolo che non sto qui a ripetere (Romani 1:26-27).

Tale divino zelo lo riconosco molto bene, essendo anche io cattolico; ora dunque rivelerò a tutti come funziona nel segreto il cuore di un cattolico: *prima viene la Fede, poi l'Amore, e soltanto alla fine la Razionalità!* Giacchè San Paolo disse – e non vorrei stare qui a tenere lunghe lezioni su questi passaggi elementari – *«tre cose durano, e la più grande di esse»* (cfr. 1Corinzi 13:13) NON è la Ragione Umana!

La fede noi fedeli la prendiamo dalla bibbia - o da qualche enciclica, eminente predica o anche rivelazione privata od angelica - e su tali osservazioni luccicose, tutte campate in aria ma molto belle od invitanti ed affini alla nostra personalità mistica, il ragnetto della mente cattolica tesse le sue ragioni ortodosse.

Prima viene la fede,
e poi le ragioni!

Mentre ogni occidentale normale *dai fatti trae le conclusioni*, nel cattolicesimo ed in ogni religione in generale, date alcune certissime conclusioni – che fungono anche come premesse - si risale pian piano a cercare nel mondo i fatti che possano supportarle.

Alla stessa identica maniera ha proceduto il Magistero della Chiesa cattolica nell'elaborazione delle sue "ragioni" contro la pratica dell'omosessualità, essendo tale processo guidato da preti, che sono innanzitutto *uomini di fede*, non scienziati!

La fede afferma, l'uomo discute.
Il cattolico discute, ma cosa afferma?
Afferma la Fede sotto le sue discussioni ammantate di razionalità!

Fermo restando che il Magistero fa molto bene a *pensare per conto suo (indipendentemente dalla scienza)*, si evidenzia però che nella bibbia non c'è nessuna traccia di questa razionale ***Teologia della Differenza*** che dovrebbe costringere ogni maschio sano di mente ad eccitarsi per la differenza, pena il suo allontanamento dal cospetto di Dio.

Anche gli omosessuali amano ciò che è diverso e combattono contro l'appiattimento di ogni differenza culturale, ma per quale motivo questo dovrebbe costringere un sistema ormonale e neuro-chimico ad inseguire come un lupo affamato *"La Differenza"*?

Semplicemente, la genesi riporta che Dio "li creò" maschi e femmine; «*maschi e femmine li creò*», e quest'atto di semplice "creazione dei corpi" - che non è di "amministrazione del Regno" - ha dei motivi serbati solo nel pensiero di Dio, in quanto la bibbia non rivela nulla dei divini pensieri: soltanto *esibisce il fatto della differenza.* Come i bambini che indicano dopo aver appreso la lezione del genitore: "maschio", "femmina".

Oggi qualunque fedele potrebbe addurre a motivo di tale oggettiva differenza dei corpi umani maschile e femminile, i *motivi* che più gli piacciono, non essendo tali motivi puntualmente esplicitati nella bibbia.

Forse... una opzione storico-biologica spinse Dio e sua figlia, Madre-Natura, a creare la differenza? Ma poi, «*La Differenza*» è una categoria filosofica troppo larga e astratta: forse... una necessità storico-biologica che la scienza ancora non conosce spinse Dio ad assegnare il *bimorfismo sessuale alla specie umana, piuttosto che alle piante?*

> Nelle piante non può esistere alcuna celebrazione ontologica de *"La Differenza",* essendo esse per la maggior parte **monoiche** ed **ermafrodite**, e solo una minoranza di esse *dioiche.*

Ma questa scelta di migliore funzionalità storico-biologica del dismorfismo sessuale, c'entra qualcosa con... l'AMORE?

Ogni femmina è bella in sè, indipendentemente dal suo maschio. Essa è degna di amore in sè.

Ogni maschio è bello in sè, indipendentemente dalla sua femmina. Esso è degno di amore in sè.

L'unione dei corpi maschili e femmili genera un nuovo essere umano, ma l'amore verso un corpo maschile o femminile *potrebbe* logicamente passare da qualunque altro essere umano, sia esso maschio o femmina, giovane o vecchio, adulto o bambino, estraneo o parente, nero o bianco, in quanto abbiamo *corpi e menti singolarmente degni di amore* e la bibbianella genesi non esprime nulla circa il **giusto veicolo** di tali 2 sublimi amori estetici e spirituali, l'*Amore per la Femmina* e l'*Amore per il Maschio*.

La bibbia è così asciutta![1]

E i suoi «racconti di creazione» un capolavoro di tali capacità di sintesi. Non essendo un trattato di antropologia filosofica, la genesi dice soltanto *«maschi e femmine li creò»*.

II

Omosessualità come «sessualità di chi non accetta il proprio corpo e gli annessi limiti corporei»

Da alcuni cattolici e preti cattolici, l'omosessualità viene considerata come la sessualità di un folle che vedendosi femmina, vuole fare a tutti i costi il maschio, e vedendosi maschio, vuole fare a tutti i costi la femmina.

Costui, secondo tali cattolici, non accetterebbe, a causa di una disfunzione psichica, la realtà della propria biologia maschile o femminile, e probabilmente per una stregoneria, un maleficio o una possessione satanica, l'individuo stesso matura in sè il desiderio di deturpare la propria più intima evidenza sessuale, pervertendone usi e funzioni naturali.

Esisterebbe quindi in lui, secondo la logica cattolica, uno spirito umano che è nativamente buono e giusto (eterosesuale), ma ben nascosto o soffocato sotto una spessa coltre di suggestioni o influssi demoniaci, che una serie più o meno lunga di rosari, messe ed esorcismi scaccerebbe via, restituendo alla sensibilità cosciente del soggetto l'amore per il corretto oggetto di eccitazione sessuale assegnato originariamente da Dio (o da Madre-Natura).

Non è difficile incrinare questa architettura gotica.

A questo punto urge infatti soltanto determinare piu esattamente il significato dei termini "uomo" e "maschio", "femmina" e "donna".

Ma quel che più direttamente giova, è parlare con un gay.

Si scoprirà subito che costoro hanno ampiamente accettato i limiti intrinseci alla propria mascolinità/femminilità biologica... NON DESIDERANO AFFATTO DIVENIRE L'INVERSO!

La mistica del *"superamento dei limiti" (naturali),* un'odio ontologico del *"limite"* come il disprezzo del proprio stesso corpo, in tali soggetti non esiste.[2]

Esibiscono dapprima ed originariamente solo un apprezzamento estetico inconsueto: per gli stessi attributi maschili (da parte dei maschi gay), e per gli attributi femminili (da parte delle donne gay). Tutto qui.

Nessun altro disagio o sforzo "ascetico" o psicotico si registra nel loro modo di desiderare il proprio particolare oggetto sessuale. È nudo, immediato e semplice... quasi banale, proprio come quello di tanti eterosessuali!

Se turbe o sovraccarichi psicologici sono ad esso sovente associati, scaturiscono più chiaramente dalla cattiveria e durezza di cuore incontrate in un mondo eterosessualista che gratuitamente li umilia e diffama (e da qui i disagi sociali) tramite una clava molto pesante, persino spirituale, teologica.

È però parzialmente vero che il maschio gay tende ad oltrepassare i "limiti imposti dal proprio fisico" maschile, e che la femmina gay evade quelli fissati dalla propria fisiologia femminile. Alcuni omosessuali infatti pur vedendosi femmina, durante l'amplesso vogliono fare L'UOMO (non il MASCHIO!), mentre altri, vedendosi maschi, vogliono fare o sentirsi DONNA (ma giammai FEMMINA!).

> Ma vedi, "uomo" e "donna" sono categorie più culturali che biologiche! Non sono equivalenti a quelle di "maschio" o "femmina".

Se la "deformazione" è culturale, vuol dire che è mentale, ma una società che predica libera cultura in libere menti, dovrebbe tollerare ampiamente tante persone con tanto diverse INCLINAZIONI (mentali), perché esse in fondo sono solo modi diversi di gestire (o di aver gestito) le proprie più originali EMOZIONI.

Ora, quando si parla di "emozioni" che emergono a pelle, non si sta parlando di scelte filosofiche, scelte di vita, progetti razionali o di spiriti maligni, ma della MIA E SOLO MIA PIÙ SINCERA NATURA.

Un omosessuale ha o non ha il diritto
di conoscere le proprie emozioni
meglio di te?

Un maschio che vuole fare l'uomo è normale; un maschio che vuole fare un pò la donna conservando intatta l'interezza della propria virile fisiologia, è più infrequente, tuttavia non impossibile! Le sue proprie emozioni, e soltanto esse, lo hanno guidato a ciò! Del resto non a tutti i maschi piace giocare a pallone... nè a tutte le femmine cucinare. Si può dunque divergere dalla norma... anche a letto, senza essere accusati di stregoneria?

III

Omosessualità come «effetto di un Bambino Interiore ferito»

...Il bambino interiore ferito non ce l'hanno solo gli omosessuali! *«Ti sembrano tutti adulti, e adulti sani, quelli che vai incontrando ogni giorno per le strade?»*.

Sono o diventeranno omosessuali,
dunque, questi bambini feriti?

Tuttavia l'esistenza di un collegamento delle forme della sessualità con la salute del "bambino interiore" è del tutto probabile e verosimile.

La sessualità è gioco, infatti, prima di tutto.

Gioco e divertimento.

E' ovvio che "la ferita" che ha spinto un "bambino" a giocare diversamente con il sesso degli uomini o delle donne, risente del rapporto originario col padre o la madre, i fratelli o le sorelle, più o meno profondo ed intenso l'uno, meno l'altro.

Infatti non tutte le anime sono uguali...

...né lo dovrebbero!

Così, un genitore dovrebbe sentirsi libero di essere quello che è col proprio bambino o bambina... anche occasionalmente "distratto", o diverso!

Ed un bambino o bambina, dotato della sua propria anima particolare e speciale, con tutto il proprio naturalissimo insieme di inclinazioni particolari, dovrebbe sentirsi libero/a di pendere più dalle labbra di un genitore che dell'altro!

Vedete, dov'è in questo
reciproco e familiare
sentire naturale
la colpa?

L'eterosessualista vede nella naturale predilezione o vicinanza emotiva del bambino con la madre piuttosto che col padre, e nella naturale predilezione del padre nel rapportarsi con la sorella piuttosto che con il fratello, delle gravi colpe, ed in effetti, in una società che PREMIA l'eterosessualità, tali scelte o atteggiamenti lo sono, perché potrebbero produrre nel fanciullo un dapprima impercettibile squilibrio psicosessuale[3]!

Ma in origine, la naturale timidezza o la particolare amorosa predisposizione di un figlio verso il temperamento di un genitore o anche di un genitore verso il carattere o le proprietà speciali di uno dei figli, sono solo dati naturali... neutri!

Non si può andare d'accordo con tutti
e alla stessa maniera!

Questa regola – ecco la novità copernicana – vale anche fra figli e genitori. Ciò che, per un religioso, ovviamente, è inconcepibile: *«la tua famiglia ti deve amare, e tu devi amare i tuoi genitori». «I genitori amano i figli». «I genitori amano i figli alla stessa maniera e nella stessa identica misura».*

Questo il fedele ripete come "dogmi".[4]

Ma la cruda verità è che anche i genitori sono *umani*, quindi esistono genitori più o meno *amabili*, più o meno disposti *all'intimità* e alla dolcezza con gli altri esseri umani (inclusi i propri stessi figli!). Non solo loro "colpe".

E' "colpa" avere un proprio particolare trascorso storico, che ci ha formato il carattere in una particolare maniera?

I genitori sono proprio come le persone che incontriamo per strada: alcune fredde, altre calde; alcune socievoli, altre dure e indifferenti. E ci sono anche figli più o meno "amabili", che rispondono o non rispondono più o meno generosamente ai desiderata dei genitori. Proprio come le persone con cui parliamo per strada, alcune delle quali ci stanno simpatiche, mentre altre no; per alcune saremo intelligenti e geniali, per altre saremo i più sciocchi della terra.

Lo stesso capita
anche in famiglia!

Il bambino finché è molto piccolo, come assorbe il linguaggio verbale velocemente e potentemente al pari di una IA, allo stesso modo assorbe il linguaggio d'amore dell'uno e dell'altro genitore, ed in conseguenza di tali processi di assorbimento, felici o meno, più o meno intensi in un senso o nell'altro, svilupperà omosessualità od eterosessualità. Allora qualcuno converrà:

> «Hai proprio ragione! Un maschio omosessuale ha certamente ricevuto poco amore dal padre; il suo bambino interiore è stato ferito, per questo ora da adulto cerca maschi e non femmine!»

oppure;

> «Hai proprio ragione! Una donna omosessuale ha certamente ricevuto poco amore dalla madre; la sua bambina interiore è stata ferita, per questo ora da adulta cerca femmine e non maschi!»

A queste osservazioni, replicheremo con la seguente serie di domande:

1. Se un maschio eterosessuale ha ricevuto la giusta dose d'amore dalla madre, come mai adesso cerca femmine? L'amore della

madre non gli fu sufficiente?

2. Se una donna eterosessuale ha ricevuto la giusta dose d'amore dal padre, come mai adesso cerca maschi?

L'amore del padre non gli fu sufficiente?

Se il padre gliene avesse dato di più sarebbe divenuta dapprima psicosessualmente neutra, e poi, proseguendo in una somministrazione più abbondante di amore, omosessuale?

1. Quante dosi di amore ed in che forma è necessario somministrare a un bambino, per ottenere un adulto che non cerca né maschi né femmine, sereno e beatamente impassibile di fronte ai due sessi?

Non sarebbe ciò ottimo ed ideale, dal momento che l'amore fa notoriamente soffrire?

1. E' giusto ipotizzare che un adulto maschio eterosessuale (che cerca femmine), tenga (anche lui!) un bambino interiore ferito dalla madre, la quale gli offrì poco amore, sicché oggi cerca in altre donne quel che ella, la madre, non gli diede?
2. E' giusto ipotizzare che un adulto maschio eterosessuale che cerca femmine *in maniera insaziabile e smodata,* tenga un bambino interiore assai ferito dalla madre, la quale gli offrì troppo poco amore, sicché oggi cerca quel che ella non gli diede... in moltissime altre donne? Non sarebbero costoro "malati" pari o peggio degli omosessuali? Eppure, invece, tali maschi comunemente vengono ammirati e lodati come *«Latin Lover»!*

Come mai?

1. Sarebbe ugualmente giusto ipotizzare che l'amore in eccesso da parte del genitore dello stesso sesso è benefico, mentre da

parte del genitore del sesso opposto è malefico in quanto nel primo caso genera innocue sessualità iperfiduciose in se stesse (eventualmente soltanto donne «facili» e maschi donnaioli), mentre nel secondo caso genera del tutto innaturali omosessuali?

2. Cosa pensare, precisamente, del caso effettivamente accaduto di un figlio maschio divenuto omosessuale per eccesso di amore del padre rispetto al così poco amore ricevuto dalla donna, sua madre? Il bimbo, una volta adulto, sviluppò naturale diffidenza, astio e ripugnanza verso le femmine, ma non verso gli uomini.

Ma se è vero che *«un maschio omosessuale ha certamente ricevuto poco amore dal padre»*, in questo caso non sarebbe dovuto divenire, logicamente, eterosessuale, ed eterosessuale particolarmente affamato di femmina?

1. Se un bambino maschio, per divenire adulto maschio etersosessuale, deve ricevere più amore dal padre e meno dalla madre (in modo che da grande non cerchi la figura del padre in altri), è giusto che i genitori si accordino e rivedano sistematicamente le loro **politiche d'amore**, allorchè si accorgano che l'uno stia somministrando più amore dell'altro?
2. Se per un maschio adulto cercare la figura del padre nel partner sessuale è male, cercare la figura della madre nella moglie è bene? Ma se questa seconda casistica è una esperienza psicologica e socio-familiare piuttosto comune, perché non dichiararla «malattia» pari all'omosessualità di chi cerca "padri nel marito"?
3. Consideriamo scientificamente gli atti d'amore somministrati e somministrabili al bambino dall'uno o dall'altro genitore: affinché il bimbo non diventi omosessuale, non occorrerebbe stilare un paniere o una tabella di atti d'amore conseguibili o non conseguibili nelle diverse età e nella migliore sequenza, per aiutare i genitori e affiancarli nel loro alto compito, che

è quello di fornire alla società futura veri maschi pronti alla riproduzione e femmine felici di essere ingravidate?

4. Il segreto per non formare sessualità deviate verso l'omosessualità, è la perfetta manipolazione dell'**arte del digiuno e della sovrabbondanza d'amore** dall'uno o dall'altro genitore durante i primissimi anni dell'infanzia?
5. Ma un maschio che da adulto va a prostitute che soddisfa tutte, molto bene e caparbiamente, non ha un bambino interiore ferito? Se si, come curare questa ferita? Resuscitando per lui la madre, trovando una moglie che sia come una madre, o resuscitando il padre o una figura simile al padre, affinché gli insegni a trattare la "madre" ...la donna con rispetto?
6. La ferita del bambino interiore di chi prova piacere ad *usare* – quantunque non *stuprare* – altre donne per il proprio appagamento sessuale, è una ferita del bambino interiore più o meno grave della ferita di colui che da adulto semplicemente cerca rapporti *omosessuali* sereni?
7. Un maschio che bullizza altri maschi perché ha una virilità più grande ed evidente, non ha un bambino interiore ferito? Quale "colpa", esattamente, ebbe il padre per pervertire in tal maniera la autopercezione del figlio come maschio ed i suoi rapporti con gli altri maschi suoi fratelli? Il padre gli diede troppo amore e doveva somministrargliene di meno? *L'amore fa male?*
8. Una donna eterosessuale che non vuole fare figli propri ma adottare quelli delle altre od una famiglia generica, universale, come fece madre Teresa di Calcutta, ha una bambina interiore ferita? Non ha un disturbo della personalità? Alla base di questo suo disturbo psicologico, di questo suo "freno" alla formazione di una *famiglia personale*, è responsabile una dose d'amore troppo misera somministrata dal padre, dalla madre o da entrambi?
9. Ma se per l'insufficienza di una madre la figlia diviene lesbica o tendenzialmente lesbica, non è una fortuna per la giovane trovare una donna disposta a "darsi" come sua madre non fu mai in grado di fare?[5]

Provando a rispondere a tutte queste domande, volgeremo verso una conclusione: *l'amore può, ma non dovrebbe essere amministrato come l'acqua dai rubinetti!*

Il rischio di una tale "scienza" applicata ai legami d'amore intrafamiliari, è la generazione di una società psicosessualmente perfetta, ma artificiale. Poco libera. Priva di quella creatività che il buon Dio verosimilmente volle introdurre nell'umana specie inserendo nel suo dna una possibilità altra, quella pura potenzialità: l'omosessualità.

Non la inserì come regola, ma come eccezione alla regola. Via di "fuga" ...valvola di riequilibrio ai casi suddetti.

Come tutte le eccezioni, non era fatta per essere regola, ma per abbellire la regola, ornare il mondo con qualche divertente, occasionale variazione, fonte di letizia incuriosita da parte degli altri, i "normies".

In natura il cigno nero non prevaricò mai i cigni bianchi, ma i cigni neri potrebbero diventare numerosi come i bianchi con l'aiuto di un sistema sociale caparbio, esperto ed antidemocratico come quello occidentale post-covid, che utilizzasse la scienza e l'ingegneria genetica e tutte le 7 teste del drago[6] per sfornare cigni neri più che cigni bianchi, onde schiacciare la naturalissima e benedetta *regola comune,* da lui e soltanto da lui – e non dalla gente comune – ritenuta ormai «vecchia», «antiquata».

IV
Omosessualità come «malattia che Gesù può guarire»

Nella "celebre invettiva" contro gli omosessuali (Rm 1:26-27) San Paolo fondamentalmente dichiara che Dio, volendo punire gli empi, talvolta perverte la loro psicosessualità, accendendola per l'oggetto sbagliato.

Ora, esiste o può esistere, in ambito sessuale, un «oggetto sbagliato»?

Certo che si.

E' modificabile o non-modificabile, in ambito colturale, un tronco storto?

Certo che no.

Basta guardare qualche albero con occhio clinico.

La fiducia nei poteri di Dio, quindi, può essere malriposta.

Non è sorprendente (l'uomo è comunemente sciocco), ma come nel medioevo Tolomeo – cattolico fervente e praticante, del tutto obbediente a Santa Madre Chiesa – potè dire l'impossibile del cielo dei cieli perché non vi erano *dati*, allo stesso modo oggi molti cristiani possono dire l'impossibile delle operazioni di Dio in fatto di sessualità, perché non posseggono *dati*.

I dati che servono, ancora una volta, oggi come allora, sono quelli scientifici![7]

> «D'accordo, ma io non credo nella scienza! Credo in Dio Padre Onnipotente, ed il Padre ha parlato attraverso San

Paolo, nella bibbia! Il Padre ha condannato l'omosessualità!»

Va bene, secondo la bibbia la omosessualità può essere un «oggetto sbagliato» della sessualità, ma il medesimo passo, se leggi bene, dice poco e nulla sui MODI per i quali e con i quali si arriva alla omosessualità. Narra di una generica "maledizione" divina originaria, ma sulla esatta causa della quale San Paolo non dice tantissimo. *Dio con certuni si arrabbia.* Ecco la causa.

E poichè dai vangeli (cfr. Gv 9:1-7) deduciamo che la colpa dei padri e dei nonni e dei trisavoli NON ricade su figli e nipoti (o forse si?), dobbiamo necessariamente arguire che UN 13 ENNE CHE ARROSSISCE COI MASCHI ANZICHE' CON LE COMPAGNETTE DI CLASSE, E' STATO ACCESO COSI' DALL'IRA DEL SIGNORE, per una grave colpa commessa nei suoi precedenti 12 anni di vita.[8]

Il Signore sta giocando?

Basta quindi, come poco sopra, essere sinceri e onesti con se stessi e vedere com'è duro e dritto il tronco che abbiamo davanti agli occhi, per concludere che nel testo religioso c'è qualcosa che non va (o in noi che lo leggiamo).

Se a causa della nostra fede e devozione non vogliamo assolutamente mettere in dubbio il verdetto finale, ovvero che *«la omosessualità è un oggetto sbagliato della sessualità»*, si conceda almeno alla nostra mente razionale di obiettare qualcosa contro la ricostruzione che San Paolo ha fatto intorno la origine dell'omosessualità: la **maledizione del Signore**.

Perchè alcuni fanciulli di soli 8-10 anni che si accendono per soggetti dello stesso sesso, sono stati colpiti in maniera così dura, profonda e severa dall'Ira di Dio?

Un omosessuale diventa omosessuale a 40 anni,
dopo una vita di irredimibili peccati?

Normalmente no, non è così![9]

Gli psicologi lo sanno, hanno visto e ascoltato ed infine hanno rinunciato alle celesti e pie, perfette e astruse teorie "tolomeaiche"!

Per la scienza contemporanea quindi l'omosessualità non è (più) una malattia psicologica né psichiatrica. Ma per la teologia cattolica ancora si.

Personalmente ritengo che nel famoso passaggio biblico paolino sia semplicemente in azione il divino metodo di istruzione proprio di tutto il resto del bibbia, Vecchio Testamento in particolare.

Nel Vecchio Testamento ci sono molte guerre narrate come cose buone (bisognava che questo «Israele» fosse «libero» dai popoli pagani circostanti). Ma non significa che a Dio piacciano le guerre!

Nel Vecchio Testamento ci sono tradimenti persino "ben gestiti". Ma non significa che Dio approvi l'adulterio!

Nel Vecchio Testamento vi era la pratica ed il comando scritturale, quindi "divino", di bruciare gli omosessuali nel loro letto. Ma non significa che il Dio reale voglia agire effettivamente così!

Praticamente nel Vecchio Testamento accade la seguente cosa: Dio prende le umane pulsioni con la loro intera stoltezza, concede liberalmente a tali "matite" di esprimersi come esse stesse credono più opportuno, ma alla fine fa dire loro ciò che a Dio, e non a loro stessi, piace.

Così è qui

Ho idea che Dio abbia usato anche San Paolo per comunicare ai popoli del pianeta Terra il Suo sacro contenuto *(«la omosessualità è un oggetto sbagliato della sessualità»)*, ma che per farlo abbia purtroppo dovuto assumere su di sè la naturale miopia dell'uomo, quella secondo cui la omosessualità è causata dalla maledizione del Signore.

Un dodicenne con una
normalissima vita in famiglia
non può essere stato così ferocemente
maledetto dal Signore!

Propongo quindi, della celebre invettiva paolina (Rm 1:26-27), di assumere come vera la direttiva morale finale ma non la matrice ipotizzata da San Paolo. San Tommaso non scrisse forse che le donne sono senza anima, quindi inferiori ai maschi? Eppure sempre santo fu, e rimane!

Ma per quanto riguarda la conclusione: *«la omosessualità è un oggetto sbagliato della sessualità»,* ritengo possa anche questa essere parzialmente relativizzata.

NEL MONDO, QUESTO, LA OMOSESSUALITA' E' SBAGLIATA, NON IDONEA NE' OPPORTUNA, ESSA NON DEVE PERCIO' ESSERE PROMOSSA NE' ISTITUZIONALMENTE INCORAGGIATA.

Ma se affiora, bontà divina vuole sia tollerata e non insultata.

Del resto stessa madre-natura vuole rimanga un fenomeno marginale, limitato a non più del 3-5% della popolazione.[10] Potrebbe divenire fenomeno *sociale* CON L'AIUTO DEI MEDIA E DELLA POLITICA, ma questo sarà dalla bibbia (e dalla Chiesa) esplicitamente proibito.

Ma allora come può avvenire la guarigione di una sessualità ad «oggetto sbagliato»?

Astenendosi dalla pratica. Tutto qui.

Gesù può accompagnarti tutta la vita con quel difetto, come accompagna chiunque non si piace e voleva fare l'astronauta.

Ma se non vi sei portato e non hai la "vocazione", non farà diventare alcuno astronauta solo perché lo si prega con insistenza!

Esservi «portati» e «avere la vocazione» in questo ambito significa essenzialmente avere le opportune reazioni sessuali in maniera immediata e spontanea, semplice e naturale. Questa è la base migliore per un buon progetto di vita coniugale o di convivenza. Le pillole e le sedute dallo psicologo, invece, no.[11]

Una volta che il bimbo e pre-adolescente si scopre emozionalmente omosessuale o con una «sessualità ad oggetto sbagliato» (ad es. pedofilia, zoofilia, necrofilia etc), purtroppo c'è poco da fare.

Guarda l'albero ed osserva,
è già formato!

Non restano possibili che interventi marginali, un tutore (psicologico), un colpo di sega, uno sfoltimento coronale per provare a togliere peso e dare più equilibrio al corpo, ma se il tronco principale è storto, resterà storto fino al termine della sua vita! Del resto, tuttavia, dobbiamo ammetterlo, i bonsai più eleganti non sono quelli perfettamente dritti...

V

Omosessualità come «problematica risolvibile con la 'conversione'»

Quando si è ladri, la **conversione** non è *«non rubare più»*.

Se la soluzione alla tendenza al furto fosse *«non rubare più»*, il giorno dopo essersi convertito il povero ladro si ritroverebbe povero e convertito nella sua povera casa... a fare la fame! giacché adesso, convertito, non può più rubare!

Seguimi nel ragionamento:

> La conversione di un ladro non implica soltanto *«non rubare più»*, ma ne avoca necessariamente un'altra: *«trovarsi un lavoro onesto»*. Questo è necessario, consustanziale alla conversione.

Senza questa seconda soluzione che sempre accompagna (e deve accompagnare) la prima, il ladro si ritroverebbe fragile, debole, enormente provato ogni giorno della sua esistenza a riprendere le attività furtive di prima.

Lasciare un povero senza lavoro, è disumano.

Una diffusa mancanza sociale di denaro tenta gli uomini, mette duramente alla prova le loro anime, e alla lunga potrebbe spingerli a delinquere!

E così, di fronte ad un City System continuamente avaro di monete, normalmente il maschio di una società locale non del tutto brillante diventa ladro, e la femmina prostituta.

Ma fermiamoci un momento prima e applichiamo la verità sin qui conosciuta alla questione omosessuale.

Vedi, caro ardente prete cattolico, anche la «**conversione**» di un omosessuale non può logicamente essere sostenuta soltanto con quel semplice, parco e secco *«non copulare più»*.

Se la soluzione alla tendenza omosessuale fosse *«non copulare più»*, il povero omosessuale si ritroverebbe solo e convertito nella sua povera casa, a fare più che il *casto*... il *castrato* «in onore del Signore» (giacché a farsi prete o suora l'omosessuale non ci aveva mai pensato) ma adesso, convertito da te nobile apostolo, inviato di Dio, non può più copulare con chi gli piace davvero, ma solo con del tutto noiosi e ben poco eccitanti corpi umani!

Ora mettiti un po' nei suoi panni, nobile apostolo.

Se proprio vuoi utilizzare la parola «conversione» alla stregua di «guarigione», assumetene tutte le conseguenze, e guarisci davvero i tuoi «malati»!

> La «conversione» di un omosessuale non implica soltanto *«non copulare più»*, ma ne avoca necessariamente un'altra: *«trovare il vero amore»*. E' quest'amore che stabilizzerebbe la conversione, non una dotta predica.

Senza questa seconda soluzione in accompagnamento alla prima, l'omosessuale si ritroverebbe fragile, debole, enormemente tormentato ogni giorno della sua esistenza a riprendere le attività omosessuali di prima.

Ma vedi, tu *l'amore per il Signore* non glielo puoi proprio donare! Non puoi donarlo ad un eterosessuale per strada, e non puoi donarlo ad un omosessuale ai tuoi piedi!

Non potendo donare *Vocazioni*, come fa Dio, il tuo appello alla «conversione» di un omosessuale è destinato a procedere zoppo fra atroci tentazioni psicologiche e fisiche, finché non darai al suo cuore un'attività appagante, simile a quella coniugale verso cui era portato, esattamente come l'anima del ladro che hai convertito alla giustizia universale è destinata a procedere zoppa fra atroci tentazioni psicologiche e fisiche, finché non gli darai da fare un lavoro onesto e sufficientemente retribuito.

> Prima di andare in Somalia a liberare bambini dai loro lavori nelle miniere, vedi se hai abbastanza soldi in tasca per pagare loro almeno il cibo quotidiano!

Tu vuoi liberare gli omosessuali e a tale scopo dispensi a tutti accurate lavate di capo, ma non fornisci a nessuno di essi l'amore, l'ammirazione o la stima che tutti gli altri esseri umani eterosessuali raccolgono o possono raccogliere gratuitamente sulle vie, trascinandoli di fatto in una condizione di penuria emotiva più arida e insopportabile della precedente.

Ciò è evidente, e non per niente l'omosessuale più intelligente ti prende per deficiente!

La parola che tu utilizzi per indicare agli omosessuali la salvezza, è sbagliata, perché anche se si "convertissero" come tu dici, resterebbero affamati d'amore. Tutta la vita.[12] E' questo il «regno dei cieli» che tu dici?

VI

Omosessualità come «sessualità che sublimerà in eterosessualità attraverso la luce dello Spirito»

«Dio ti ama e ti accetta come sei, anche peccatore, ma per trasformarti in ciò che è meglio che tu sia.

Dio ci prende come siamo, ma non ci lascia come siamo!».

...Questo è quanto predica un bravo cattolico, e finché non lo applica alla omosessualità, è benedetto!

È possibile infatti prendere un anello e metterlo nel dito sbagliato; comprare una fede d'oro e darla alla persona sbagliata; apprendere la giustizia e dichiararla nel momento sbagliato.

Cerchiamo quindi di interpretare correttamente la luccicante, benedetta sapienza cattolica sopra esposta, perchè **se Dio si abbassasse fino a cogliere una cozza, non lo farebbe mai per trasformarla in una farfalla!**

La cozza direbbe: *«Quindi mai mi amasti come cozza!».*
«Perché hai creato le cozze?».

«Dio ci prende come siamo (omosessuali), ma non ci lascia come siamo (omosessuali)»

Se Dio si inchinasse fino all'uomo, ma col proposito segreto di trasformarlo in angelo, letteralmente, ci sarebbe in Lui autentico amoroso rispetto per il 'PROGETTO UOMO'?

Perché Dio ha creato l'omosessuale, se a un certo punto, con un divino colpo di spugna, intendesse cancellare il volto di prima e disegnarne uno totalmente nuovo sopra?

> Maria è resa bellissima dalla luce dello Spirito Santo che la inabita completamente, ma possiamo in tutta verità dire che è IRRICONOSCIBILE dalla Maria che riempiva la brocca d'acqua alla fontana di Nazareth duemila anni fa?

Un maschio che sciupa maschi barbuti e villosi, non sarebbe *irriconoscibile* rispetto al medesimo uomo innamorato e fedele alla pallida sarta di via Solferino?

«Dio ci prende come siamo,
ma non ci lascia come siamo...
...rispettando sempre la natura originaria, eventualmente portandola a perfezione, ma giammai STRAVOLGENDOLA!».

Così Dio può prendere un bisessuale affamato sia di femmine che di maschi fino allo svenimento, e coniugarlo ad una ed una sola donna per il resto della sua vita! Oppure ad uno ed un solo uomo per il resto della sua vita.

In entrambi i casi sarà "gloria di Dio", perché non ha offeso la natura originaria dell'uomo, che era bisessuale, ma l'ha guidata verso una scelta definitiva, più stabile e matura. D'altra parte, non poteva "transustanziarlo": resterà bisessuale a vita! Quindi con un doppio "gusto".

Il miracolo di Dio è consistito non nell'annientare e stravolgere la natura del figlio, ma nel ripulirne la vita e l'espressione da ciò che la appesantiva come disfunzionale e promiscuo.

Dio Buono, dunque, non trasforma un omosessuale in eteresossesuale, ma un omosessuale triste in un omosessuale felice, o un omosessuale leggero in un omosessuale serio e affidabile.

Sarebbe un grande, grandissimo miracolo - nient'affatto piccola cosa - se Dio trasformasse tutti gli eterosessuali più porci e lascivi del mondo, in educati e sereni padri e madri di famiglia.

Ma trasformarli in ratti, ippototami e calamari no non potrebbe farlo neppure volendo, perché implicherebbe un salto di natura troppo grande.

Il volto secondo che Dio deve ricavare dalle sue divine operazioni di scrittura, per essere armonioso e non lesivo dell'intero progetto, deve in qualche modo essere già contenuto nella nuda roccia su cui emerse il primo volto.

Anche cosi viene rispettata la "alleanza".

VII
Omosessualità come «Squilibrio psicologico o psichiatrico»

C'era una volta una ragazza innamorata di un tale, così lo pedinava, lo chiamava a casa, lo aspettava all'uscita del lavoro; tutti i sabati e le domeniche lo attendeva in macchina, sotto il portico, solo per vederlo qualche istante. In chiesa pregava che quel ragazzo la scoprisse e si innamorasse di lei.

Come chiameremo questa ragazza?
"Pazza" è il suo nome!

Infatti, quel ragazzo la conosceva bene ma non provava nulla per lei, e gliel'aveva detto! Adesso che si è fatta eccessivamente insistente, servirebbe l'intervento sia dello psicologo che del tribunale per riportare tutto alla normalità.

«Come saprei... amarti io...
nessuno saprebbe mai...»

...gridava nel suo cuore la ragazza ormai agli arresti domiciliari.

Adesso cambiamo scena.

C'era una volta un ragazzo segretamente gay che si innamorò del suo vicino di casa dichiaratamente gay, ma non glielo disse mai perchè non pensava fosse giusto dirglielo... Troppi problemi con la famiglia, la società, il lavoro ed anche col suo parroco.

«Come ti avrei amato io...
...solo io avrei potuto mai...»

...diceva nel suo cuore questo ragazzo ormai alla fine della sua vita. Infatti, morì serbando come un criminale quest'amore, mentre quell'altro passò di storia in storia (gay) senza aver mai trovato ciò che cercava.

Analisi psicometrica delle 2 vicende

Da una parte abbiamo una coppia di soggetti perfettamente normali, eterosessuali, di cui però solo un membro è innamorato dell'altro: la ragazza và in chiesa e fa tanti rosari con il suo gruppo di preghiera perchè il suo principe la noti e gli venga un'erezione utile un giorno a indurlo a copulare con lei, ma questa strategia non ottiene risultati accettabili.

Dall'altra abbiamo un ragazzo gay che non dice all'altro ragazzo gay di essere innamorato di lui, perchè la sua religione non ammette questa diversa forma di innamoramento.

Ora rivelano gli angeli del Tempo, che questo principe gay, così ammirato, avrebbe veramente amato il suo ammiratore segreto, con tutto se stesso fino all'ultimo istante di vita, se solo avesse trovato il coraggio di dichiararsi, ma ciò non accadde mai! Sorgono allora spontanee le seguenti 4 domande:

- IN QUALE DEI DUE CASI VI E' PIU' MALATTIA?

- QUALE DEI 2 CASI HA PIU' BISOGNO DELLO PSICOLOGO?

- IN QUALE DEI DUE CASI IL LAVORO DI RECUPERO TERAPEUTICO DELLO PSICOLOGO, SAREBBE PIU' FACILE?

- CHE COSA CONSIGLIEREBBE UN BRAVO PSICOLOGO IN UN CASO, E CHE COSA POTREBBE CONSIGLIARE NELL'ALTRO?

La conclusione parrebbe essere la seguente: una *malattia psicologica* esiste come tale quando rileva un **cattivo adattamento del soggetto ad una situazione "normale"**, comune, abituale, attualmente presente.

> La Norma vicino a noi stabilisce chi è il "malato" e chi quello "sano"! Ti sei ben adattato ad essa? Ebbene, sei "sano" (o almeno apparirai tale).
>
> Ti sei mal adattato? Mi spiace, anche se non ti sei adattato ad essa perché trattasi di norma moralmente e spiritualmente ripugnante, apparirai "malato", pazzo!
>
> In fin dei conti... la macrosocietà non porta giudizi, c'è solo il *migliore adattamento* che fa *sembrare giusto* un temperamento ed ingiusto l'altro.

Ma *la norma sociale in sé, come chiaramente indica la strada per omologarsi e non avere problemi, altrettanto chiaramente indica la via che occorre seguire per sfuggire alla malattia* che essa - come norma imposta dalla storia e da tutta la società - inevitabilmente assegna a tutti. Infatti...

> Basterà mettersi d'accordo tra noi per cambiare e/o adottare un diverso **canone della Normalità**, e spariranno d'un tratto tutti gli *anormali* che quella società canonica aveva generato!

Così, tornando ai nostri eterosessuali litigiosi e al nostro ligio omosessuale, mentre in un caso la "norma" (mancanza di eccitazione di lui per lei) "definì" cronicamente malata la donna, condannandola agli arresti domiciliari perchè questa - non rassegnandosi al fatto di non essere amata - era diventata una stalker; nell'altro caso la "norma" (cultura cattolica sempliciotta) definì «posseduto da Satana» e/o malato il ragazzo, condannandolo ad una vita di stenti emotivi perchè

- non ribellandosi ma anzi obbedendo umilmente al comandamento di amare cose per cui non provava naturalmente amore - si era rassegnato a vivere nascondendo il suo cuore.

Dunque non una discussione iper-culturale (filosofica, scientifica, teologica) può donare un **salutare adattamento alla vita**, ma l'ASCOLTO DELLA VERA NORMA, la profonda accettazione di questa, ed il suo **circonstanziato inseguimento**.

Dove?

All'ospedale psichiatrico per la nostra ardente inseguitrice di uomini eterosessuali, ed al comodo pianerottolo di casa sua per il nostro generoso martire di Dio. Infatti, al contrario della donna che sarebbe guarita solo dopo lunghe sessioni di colloqui privati con lo psicologo, il ragazzo sarebbe guarito semplicemente alzando gli occhi, un giorno, per parlare col suo vicino di casa.

VIII
Omosessualità come «Squilibrio ormonale e neurochimico»

«Mi chiedo perché sono a letto con te,
e nemmeno ti guardo»

Anche se l'omosessualità fosse causata da una difettosa produzione biologica di un certo ormone o serie di molecole dell'umore – squilibrio certo ripristinabile con l'assunzione sistematica di complessi afrodisiaci, dobanti ed eccitanti... pensiamoci!

Ti sentiresti felice e normale
a prendere pillole
per fare l'amore?

Ti sembra giusto fare terapia neurochimica o psicologica al fine di guardare con piacere il partner che è la notte al tuo fianco?

Tale terapia non sarebbe la "normalità" con cui molti uomini oggi comprano il viagra per *provocare l'eccitazione*, ma la anormalità e la perversione interna che si ha allorchè – mancando completamente il *desiderio d'amore*[13], onde ripristinare il *piacere* di ammirare le unghie lunghe e smaltate di una donna anziché le mani callose di un uomo – sia necessaria la somministrazione della serotropeina C24 alle ore 9.00 di ogni giorno, per tutta la nostra vita! Giacchè con uno o due giorni di "vacanza" – nei giorni in cui la farmacia di fiducia è andata in ferie – la compagnia della donna che hai rettamente sposato e con cui hai fatto giustamente figli non ti procura più alcuna sensazione né conforto estetico!

La natura è perfetta, perchè armoniosa.
E gratuita.

Se Dio non ci ha donato la "armonia" naturale che ricerchiamo[14], è saggio accanirsi? Investire, scervellarsi, soffrire e ansimare?

Molto probabilmente, come per molti altri casi simili, è più conveniente cercare di estrapolare l'utilità e la bellezza nascosta nella nostra "croce", che buttarla a mare per prenderne sulle spalle una *«migliore» secondo il proprio punto di vista.*[15]

Il disagio spirituale connesso ad una sessualità dipendente da droghe e pillole per andare avanti, potrebbe bastare da solo ad illuminare la strada che ci porterà dritti al nostro cireneo.

«Mi hai fatto passare la notte
più bella della mia vita
ma non mi batte il cuore!»

Se non provi niente nonostante a letto ti abbia fatta impazzire [16], ti sia trasferita a casa sua, conosciuto la mamma ed il papà come persone gradevolissime, credi davvero che una pillola o un colloquio psichiatrico, potrà farti *amare* tutte queste cose?

E voi, preti cattolici, credete davvero tutte queste cose?

IX
Omosessualità come «qualcosa proibito dalla creazione di Adamo ed Eva»

Se Eva fu "estratta" da Adamo, da una zona all'altezza del cuore, a livello della costola, ciò vuol dire che la creazione dell'uomo da parte di Dio non fu *doppia*, ma unica:

«maschio e femmina li creò»[17]

Ciò porta interessanti conseguenze.

Se l'atto di creazione dei corpi dell'umanità da parte di Dio è atto unico e non duplice, ciò vuol dire che la totale indipendenza dell'un corpo rispetto all'altro è soltanto apparente... in *ogni caso* l'uno è rimando dell'altro!

In breve, anche un omosessuale-maschio ha da qualche parte la sua eva opposta e complementare; ed anche un omosessuale-donna avrà da qualche parte il suo adamo opposto e complementare.

Poi è scritto che *«l'uomo abbandonerà la sua casa ed i due saranno una carne sola»*. Benissimo. A questo punto qualcuno potrebbe domandarsi:

Se il contrario del nero è il bianco,
il contrario del grigio qual'è?

E ancora: *Dio ha creato solo il bianco e il nero, o anche il grigio e molti altri colori?*

Ragioniamo:

> Se il "contrario" del "nero" e destinato per decreto divino a *sposarsi* («e i due saranno una carne sola») col bianco, ciò vuol dire che il nero non dovrà essere soltanto *amico* del bianco, perché il suo opposto e complementare, secondo la superiore Volontà di Dio, sarà sempre ed ogni caso da lui *assorbito* («e i due saranno una carne sola») giammai *accompagnato* come in una semplice amicizia!

Usciamo ora dal nebbioso regno delle metafore!

Posto che Dio talvolta (per divertirsi?) crei o abbia creato non un maschio virile al 100%, ma un maschio maschio soltanto al 99% – cioè un colore al suo interno diverso dal bianco-nero assoluto – ecco in questo caso se ne evince che la sua Eva – quella che è stata "da lui tolta" – non sarà un'eva al 100% donna, ma soltanto al 99%: l'1% maschile di lei, compensa e si integrerà perfettamente all'1% *femminile* (ovvero all'1% *maschile mancante*) di lui. «E i due saranno una carne sola», perché «dall'uomo è stata tolta».

Proseguiamo il ragionamento.

Supponiamo che una realtà sessuale varia, divertente, creativa – cioè diversa da 0 e 1 (bianco e nero) – sia un vero e proprio programma ed intenzione divina. In questo caso potremmo talvolta incontrare un color senape il cui complementare sarebbe non già un rosso scarlatto brillantissimo al 100%, ma un porporino un po' più spento. E' risaputo però che...

Le viole non si sposano

Amano stare solitarie nell'ombra dei boschi, e se le metti in gruppo al sole e le concimi, beh, preferiscono morire. Quindi esistono creature che preferiscono stare sole, e tuttavia anch'esse hanno un complementare! In qualche parte del mondo!

Sono nate da rari matrimoni fra viola-padre e viola-madre, ma in genere le viole-figlie stanno per conto proprio, sbocciando laddove nessun floricoltore urbano le vedrà e le rapirà. Tuttavia si accompagnano volentieri all'edera dei boschi! Trova un'edera – a sua volta avvinghiata non già ad altrettante edere, ma a possenti querce (specie completamente distinta dall'edera!) – e nei paraggi, probabilmente, troverai una viola felice!

E se Dio creasse anche queste
delicate follie?

Se Dio si predisponesse saltuariamente a creare anche queste «delicate follie», il violo-maschio sarà, in realtà, per la viola-femmina, soltanto un *partner occasionale!*

Forse un grande amico, ma nulla d'altro.

Il loro rapporto sarà speciale.

Ma non per questo la viola mancherà di amore nella sua vita, infatti il polline lo produce lo stesso, i profumi anche, e molti insetti e le piante circostanti, cui si aggrappa, saranno uniti a lei giorno e notte.

Alcune amicizie sono amori atipici
ma pur sempre amori

Pensiamo al legame tra Maria e Gesù: non era *amore?*

Era sessuale? No. Era amicizia? Di più.

Ora una domanda indiscreta: Maria ebbe il suo "Adamo" in Gesù, o in San Giuseppe?

Ma se lei è la *«novella Eva»*, come mai il suo consorte *legittimo*, San Giuseppe, non fu "colui da cui Eva fu tolta", cioè il *«nuovo Adamo»?*

Questo marito non valeva niente?

Maria si trovò nella felice situazione – forse non troppo felice per una vergine che vuole consacrarsi a Dio e a Dio soltanto! – di ritrovarsi spostata per "divino decreto" (secondo le tradizioni religiose del tempo) ad un uomo giusto e santo – il più giusto e il più casto che l'umanità potesse offrirle e che mai più l'umanità ad alcuna offrirà – e tuttavia ella non trovò in San Giuseppe il senso ultimo della sua esistenza, ma in Gesù, il Figlio!

Quindi lo sposalizio vale molto agli occhi del Signore, ma non del tutto, non necessariamente e un po' meno di quanto comunemente si crede.

La grande vicenda biblica d'amore – quella fra Gesù e Maria e fra Gesù e il Padre Eterno – ci dice che il "principio opposto e complementare", ciò da cui siamo stati "tolti" e a cui desideriamo tutta la vita con ogni fremito tornare come per formare un nuovo... l'antico essere, è lo Spirito in generale, ma questo spirito possiamo trovarlo in un figlio, in un parente, in un amico e non obbligatoriamente in un marito/moglie. Come accadde a Maria e a Gesù stesso, vergine e casto!

Orbene, tutto ciò detto, torniamo alla questione omosessuale.

> 1. In base alla teoria dei colori, l'opposto e complementare di un omosessuale-maschio non è una moglie eterosessuale, ma un omosessuale-femmina (una lesbica). L'opposto e complementare di una donna omosessuale non è un marito eterosessuale, ma un omosessuale-maschio (gay).

2. In base alla teoria dell'amore rivelata nella bibbia, l'opposto e complementare non deve trovarsi necessariamente nello sposalizio. E' vero che «l'uomo lascerà la sua casa e si unirà a sua moglie», ma è ugualmente vero che Cristo dopo essere nato da una vergine, chinato il capo, spirò, a 33 anni, senza mai essersi sposato nè divenuto padre!

Dov'era il Suo amore?

3. In base alla teoria "botanica" dell'amore, la propria "salvezza" – il proprio "partner" – potrebbe trovarsi NON in un fiore della mia stessa specie piantato a 2 cm da me, ma in un habitat in cui l'amore è diffuso nell'aria, in forma di aromi e presenze molteplici, in cui l'edera preferisce stare attaccatta tutto il santo giorno ad una quercia, piuttosto che ad un'altra edera!

Allo stesso modo, pertanto – esattamente come le viole o le edere solitarie – probabilmente, un omosessuale-maschio non è vocato a convivere (sposarsi) con il sua Eva opposta e complementare (che è una lesbica), ma a trovarsi un muro o meglio un tronco su cui appoggiarsi per raggiungere il cielo.

X

Omosessualità come «umiliazione della propria stessa virilità-femminilità»

«La donna può indossare i **pantaloni** ed avere un ruolo sociale forte. Questo oramai è accettato.

Ma allora, perchè l'uomo non potrebbe indossare la **gonna** e rivendicare la propria fragilità?».

by *Il Sinistro*

La cultura euroamericana favorisce ancora la mascolinizzazione della donna, ma oggi (2024) assistiamo al processo inverso: la femminilizzazione dell'uomo: uomini coi tacchi "per protesta", uomini con la collana di perle "per giustizia", donne con testicoli (interni) a gara con femmine vere nelle olimpiadi, "per inclusività", maschi con pene e ottimi seni artificiali contemporaneamente etc.

Dopo un periodo (2010-2020) in cui tutto il mondo si domandava preoccupato quale tema e parola d'ordine avrebbe adottato contro le destre, la sinistra si è data un nuovo contenuto, anzi due (oltre l'omo-transessualismo, il gretinismo) ma purtroppo da essa entrambi trattati con piglio estremista, spocchioso, surreale. Cerchiamo di sbrogliare un po' questa matassa infernale.

La forza di un uomo
NON è la sua delicatezza

La consapevolezza autentica di ciò che è il maschio, quindi, ahimè, ormai resta agli omosessuali: quelli veri.

Anche alle donne omosessuali, poche ma agguerrite resta l'ultima traccia di ciò che una donna è: all'omosessuale reale, infatti, non piace affatto la «fluidità» ("queer") che piace tanto ai sinistri!

Così, mentre un tempo l'omosessuale violava agli occhi dei normies quel certo sacrosanto modo di essere uomini e donne tradizionali, maschi e femmine classiche (coi pantaloni gli uni e le gonne le altre), oggi il normies stesso è diffusamente omosessualista, ovvero laddove può – quando può – crede di rendere servizio all'umanità sviririlizzando l'uomo e bruciando tutti gli antichi paletti, o stereotipi, verso cui invece l'omosessuale autentico è attratto!

> «*Se cercavo una femmina, sarei rimasto eterosessuale*», sentirete spesso dire a un omosessuale-uomo.

> «*Sono diventata lesbica perché ho scoperto che mi piacciono le donne, non le donne travestite da uomo*», sentirete spesso dire a una donna omosessuale.

Divenuti fari, boe ed isole in mare aperto, questo male ha portato se non altro un bene: ora l'omosessualità non è più percepita come umiliazione della propria stessa virilità/femminilità, ciò che in effetti mai fu.

Tuttavia, in questo tempo di transito e di confusione epocale, una delle due omosessualità, quella maschile, pare trarre maggiore dignità dal fatto di avvicinarsi all'essere femminile.

Ecco allora una prima correzione:

> Non è vero quanto comunemente si dice, e cioè che l'omosessuale è un cervello maschile in corpo femminile o, viceversa, un cervello femminile in un corpo maschile – quindi una sorta di chimera o semidio, un essere "potente", "multitasking".

L'omosessuale non è una esaltazione né una umiliazione dell'essere maschio, dell'essere femmina, del suo non non-essere né maschio né femmina.

L'omosessualità è soltanto un modo d'essere e di donarsi, né superiore né inferiore a un altro, bensì *diverso*. Tutto qui. E tutta quella piccata e surreale melassa pro-LGBT, in realtà, è fuori contesto e fuorsi sensibilità storica, perché non basta ingozzare i leoncini di carote per farli diventare vegani!

Cosa pensarono i primi uomini che
videro donne in pantaloni?

Esattamente quello che penserebbe oggi una donna vedendo maschi in gonnella[18].

Lo spirito di opposizione alla femminilizzazione dell'uomo, oggi non viene dal solo maschio, ma anche dalle sue donne, che appartengono a QUESTA cultura (occidentale) che **esalta il maschile come la cosa migliore in assoluto!**

Dovremo perciò aspettare di avere una cultura *popolare* (non solo *televisiva!)* che esalti il femminile come la cosa migliore in assoluto, per cominciare a vedere i primi uomini con lunghe leggere gonne, e a non vederli come mezzi-uomini!

Questo processo di inversione dei "poli", come ci ha mostrato il 2024, è già iniziato! Ma diversamente da come spererebbero i sinistri che lo hanno concimato a suon di TG, spot pubblicitari, corsi scolastici di aggiornamento e golosi finanziamenti da parte dei soliti privati filantropi internazionali, tal processo, dicevo, non può concludersi adesso.

Forse fra qualche secolo!

Perchè nessuno – neppure gli omosessuali – sono ancora intimamente disposti ad *annullare la diversità*. La sacrosanta, beatissima, diversità di genere.

XI

Omosessualità come «tentativo di annullare la diversità di genere»

Quando la donna dei primi anni '50 indossava i jeans, voleva "annullare la sua diversità" coi metalmeccanici e gli scaricatori di porto?

In verità, alcune donne si accorsero che esisteva nell'aria, invisibile, uno *schematismo*, una rigidità, un limite, una ottusità, un simbolismo arrugginito, e le donne più audaci, più attente, originali ed intraprendenti, per mero gusto di rompere il tabù, *indossarono i pantaloni*, pur rimanendo autentiche donne.

Il femminile resta femminile anche in pantaloni.
Il maschile resta maschile anche col grembiulino.

L'uomo che «deve fare l'uomo» (amando con tutto se stesso solo donne) e la donna che «deve fare la donna» (amando con tutta se stessa solo uomini), è un "preconcetto universale" simile a quello che vede l'*aggressività* «cosa da maschi» e la *pazienza* «cosa da femmine». Ed in effetti... il più delle volte è proprio così! Tuttavia ***il carattere spirituale di una persona non si comanda***, ed anche un pilota di formula1 può possedere un talento nascosto per l'uncinetto, la cura dei bimbi o la pulizia della casa, insieme ad altre virtù meglio mercanteggiabili in un mondo che ammattisce per le piste da corsa.

Orbene. Cerchiamo di capire quando e come – se è giusto e perché – sfuggire a taluni preconcetti o stereotipi sociali, fra cui quello del maschio rude e freddo e della femmina tenera e rosellina.

Oggi la posizione della destra sociale, non è quella di rovesciare completamente questo stereotipi, come intende fare la sinistra woke e gender-fluid. Non appare infatti sano né pio settare la psiche dei più piccoli scolari con l'idea di essere venuti al mondo con un moncone di corpo "neutro", asessuato, che le opportune pillole ed operazioni chirurgiche plasmeranno a propria immagine e somigliglianza (quella convenuta insieme allo psicologo scolastico).

Anche e soprattutto l'omosessuale, dunque, lotta e si dispera per comunicare l'idea di una netta differenza fra maschio e femmina, e di una differenza *originaria*, fatta anche di *benedetti, meravigliosi stereotipi!*

Divini argini.

Epperò questi stereotipi o modelli nativi di virilità/femminilità, non possono e non devono più esssere rigidi, assoluti, come nel medioevo, ma *sufficientemente* elastici!

Diciamo ora qualcosa per cogliere meglio il tipo di "elasticità" appena proposta.

> L'essere umano è fatto in una maniera per la quale tutto ciò che prova e pensa, comunica direttamente con tutte le altre cose che prova e pensa, egli è una "rete" in se stesso.

Allora una voglia di mare piuttosto che di montagna *potrebbe* insinuarsi persino nella sua sessualità, che non fa certo compartimento stagno con il resto della sua umanità!

Il maschio è certamente maschio: quando porta i soldi a casa e li condivide con la moglie, è ancora più maschio perché protegge dal duro mondo circostante sia la moglie che i figli; ma ci sono situazioni in cui anche ad un uomo piace avere l'arrendevolezza di una donna, e circostanze in cui ad una donna piace prendere l'iniziativa di un uomo.

Acqua terra fuoco e cielo si mescolano in diverse proporzioni in diversi contenitori, ciò che significa sviluppare caratteri nuovi ed imprevisti! Nascono così i "froci“ e le "lesbiche“, i “trans” e i “perversi”! In una parola: gli *incomprensibili.*

Alcuni omosessuali tradiscono la propria natura dal lavoro che scelgono di fare o di non fare, dal modo di vestire, di piacere, comunicare, muoversi. TUTTO. Ma quando la “tentazione“ agisce non tanto su un *accidente o singolo tratto della personalità*, bensì sulla *intera personalità*, probabilmente abbiamo a che fare non con una vera e propria **tentazione**, bensì con una **personalità** *fatta proprio in quella speciale maniera!*

> «*Tutte le persone vanno rispettate*», o solo quelle che non si discostano dalla forma prevista?
>
> Ma «prevista» in quale manuale?
>
> E’ agghiacciante oggi dover insegnare codeste antiche, banali verità del cuore, ai grandi sacerdoti del Cuore d’Oro di Cristo![19]

La sessualità di un omosessuale costituisce una **unità monolitica** con il suo amore per Mina e le violette selvatiche, e se l'uno è legittimo e degno di rispetto, lo sarà anche l'altro!

Ogni uomo dovrebbe poter amare un altro uomo, se serve, ed ogni donna dovrebbe poter amare un'altra donna, se serve. Questo non significa che tali uomini e donne siano meno *femmine* e meno *maschi*, come non furono meno femmine quelle che all'indomani della seconda guerra mondiale cominciarono a fare lavori da maschio!

Semmai, meno *maschili* e meno *femminili.*

Ma vedete, queste dagli omosessuali stessi sono ammesse solo come “deviazioni”, non come norma. E’ progettata male una città che contempli anche vie di transito secondarie, urbane ed extra-urbane?

IL VERO OMOSESSUALE NON E' WOKE

Una vera ***Emancipazione Omosessuale*** non è estremista e non vuole che gli uomini prendano a truccarsi come pagliacci e le donne fumino la pipa ai fornelli in segno di emancipazione mentale[20], ma soltanto ed unicamente che ogni essere umano non sia più additato come «demonio» né come «malato» quando ama un essere del suo stesso sesso, perché *è il soffocamento dell'amore che crea l'inferno sulla terra,* non l'occasionale superamento di qualche tradizionale schematismo.

Ogni omosessuale nella coeva società ha un serio calcolo da fare, e non è detto che, su questa bilancia, i benefici di una sfera sentimentale non-occultata siano maggiori dei malefici di una umiliazione continua in famiglia, a lavoro e nella vita.

XII
Omosessualità come «Amore Narcisistico»

Un giorno al gruppo di preghiera che frequentavo, il prete dichiarò che la sessualità omosessuale viene da certa forma di *Narcisismo Erotico*, perchè le anime in questione sarebbero molto molto egoiste, talmente innamorate di se stesse... da voler copulare soltanto con se stesse!

Una vera e propria *Perversione dello Spirito!*

Il prete allora allargò le sue braccia ed il suo cuore indicando con il suo dito il vero amore misericordioso che è celeste poichè non teme di uscire da se stesso e di consegnarsi a qualcosa di *totalmente diverso da se stesso.*

"L'Unione degli Opposti dà la vita,
come un nuovo bambino"

Ed io allora compresi che quel prete non aveva osservato bene gli uomini.

Gli uomini non sono tutti uguali,
come neache le donne.

C'è la donna-racchia, e la donna olimpica.

Ma ci sono altre ben tangibili differenze tra le presenze che popolano il pantheon delle divinità femminili.

Diana è una tipetta coi capelli rossi, corti e gli occhi celesti, arco alle spalle e mani leggere; da eterna ragazzina qual è corre or qui or là e le lentiggini che affiorano sul suo candido visetto, bastano a disarmare qualsiasi malintenzionato.

Poi c'è Minerva, una donna elegante, sofisticata, intelligente; stare con lei è come guardare l'universo da un balcone.

Giunone: una madre di famiglia, fianchi larghi, seno pesante; così profondo è il suo sguardo, che pare volerti consegnare infiniti segreti...

Afrodite, Demetra, Ecate, Dafne, Eirene, Proserpina... ognuna di esse dotata di autentica bellezza, dona specifiche sensazioni al suo uomo, e perciò no...

LE FEMMINE NON SONO TUTTE UGUALI!

E neppure i maschi: c'è quello sottile, grosso, alto, basso, snello, tarchiato, scuro, chiaro, biondo, bruno, peloso, glabro, idiota, intelligente... ma a parte tutte queste differenze di superficie, anche loro portano ognuno dentro di sè un proprio carattere ed un proprio mondo, diverso da tutti gli altri ed unico.

Esiste, è vero, un grande unico denominatore sotto tutti coloro che appartengono alla medesima sessualità (il pene o la vagina), ma all'interno della medesima classe possiamo ravvisare una differenza talvolta incolmabile tra il maschio-Leonardo Di Caprio, ed il maschio-Silvester Stallone, tra la femmina-Natalie Portmann, e la femmina-Pamela Anderson.

Per me donna-omosessuale, dunque, amare una della mia stessa classe funzionale non si risolve necessariamente in un... *amare me stessa!*

Ma non è neppure necessario che un uomo e una donna eterosessuali abbiamo qualche cosa di potentemente diverso per attrarsi ed unirsi, anzi!

Non sono rare le volte in cui notiamo che «*Dio li fa e poi li accoppia*», nel senso che interessi in comune, ideali in comune, tratti fisici e persino difetti in comune spesso e volentieri uniscono e non dividono le coppie eterosessuali.

La regola per un buon matrimonio non è «*Chi ama i cani sposi chi ama i cani e chi ama i gatti sposi chi ama i gatti*» come non è neppure «*Il gatto sposi il cane ed il cane sposi il gatto*».

La passione, la felicità, l'amore ammettono come regola soltanto la felicità, la passione e l'amore.

Questo vuol dire che spesso l'amore onora autenticamente se stesso quando... *procede a casaccio.*

Così la regola finale è:

> Non è bene che il cattolicesimo e le religioni in genere, vogliano ***regolare persino l'amore e il piacere sessuale.***
>
> **Un matrimonio *a massima polarizzazione sessuale* (eterosessuale) non basta ad avere una *sessualità felice*,** esattamente come una sessualità felice ed appagata, non basta a rendere piena, felice ed appagante una vita!

Noi nell'Occidente pre-covid sapevamo bene che la "civiltà" origina sempre da un contratto ben compilato che viene fatto rispettare da patriottiche forze di polizia, magistratura, fiamme gialle, rosse, bianche e nere; quella "regola aurea" si è ormai persa nelle paludi della storia, e molti ora invocano "nuove regole", "nuove leggi", un'altra disciplina sociale basata sulla "giusta violenza" (quella in Italia necessaria ad inoculare tutti con le medesime pozioni salvavita). Non sentite, sinceramente, cari militi cattolici, il nostro «basta così!»?

Voler <u>disciplinare pure i rapporti sessuali</u> tra esseri umani **adulti e consenzienti** è in ogni tempo una *disfunzione psichiatrica*, una perversione psicologica molto personale che non dovrebbe mai diventare pubblica, politica, sociale e teologica!

XIII
Omosessualità come «Amore Innaturale»

«Dio li benedisse e disse loro: *«Siate fecondi e moltiplicatevi; riempite la terra, rendetevela soggetta, dominate sui pesci del mare e sugli uccelli del cielo e sopra ogni animale che si muove sulla terra»*. [...] Dio benedisse Noè e i suoi figli, e disse loro: *«Crescete, moltiplicatevi e riempite la terra»*.

Gen 1:28; 9:1

Ma sarebbe corretto dire che Dio crea il maschio al *solo ed unico scopo* di stare con la donna e perpetuare la specie?

Se fosse così...

Come mai così tanti
eterossessuali zitelli
nel mondo?

Per essere ligi, onorevoli, rispettosi della bibbia ed amati da Dio, dovrebbero tutti – dico *tutti* – copulare e moltiplicarsi sulla terra?

E' ovvio allora che l'indicazione biblica è un orientamento antropologico *generale*, certamente una **volontà divina**, ma da applicarsi all'umanità *in generale* e non propriamente ad ogni singolo uomo in particolare come fosse uno dei 10 divini comandamenti!

Resta però una questione centrale da risolvere:

«...Se uomo e donna copulando fanno bambini, la copula fra omosessuali non è *innaturale*, visto che non genera NULLA?»

La mia risposta, come al solito, sarà lunga e complessa[21]*, ma se la si segue con attenzione, tutto sommato accessibile.*

Intanto vorrei mettere in guardia dal commettere l'errore razionale di considerare la natura e "la cosa naturale" sempre e comunque «il meglio», la quale idea è infondata.

Non è detto infatti che tutto ciò che è naturale sia automaticamente buono, e quello innaturale automaticamente cattivo.

In natura esiste il bene, ma anche il male; la pace, ma anche la guerra; il piacere, ma anche il dispiacere. La nascita e la disgregazione, la marcescenza e la morte, funzionali alla vita. La nozione di una natura autogenerante sempre e soltanto il bene, il buono e il giusto, è perciò una umana fantasia.[22]

L'uomo dovrebbe discernere attraverso un criterio terzo, divino. Tuttavia, se Dio pensasse come un uomo... non sarebbe Dio! Così, se da una parte Dio si assicura con la sua Parola di andare incontro alle comuni forme dell'intelligenza umana, dall'altra, in quanto divinità, potrebbe infrangerle e superarle.

Le infrange e le supera.

E' assai verosimile credere che la "logica dell'amore" partorita dal piccolo uomo, non sia quella del Grande Dio. Quindi l'una sarà diversa dall'altra. Cerchiamo di stabilire in quale modo!

L'Amore non ha logiche,
e non si sottomette alla logica,
ma è libero ed indipendente
pure dalla logica. Sovrano![23]

Orbene, forse la più ampia indipendenza e libertà l'amore l'ottiene quando non guarda la faccia, quanto sei intelligente o cosa tieni tra le mutande... per fare l'Amore!

Il Vero Amore è Totale, puro.

Così, il Padre nostro celeste ama sia maschi che femmine in *egualissima* misura.

Anche Maria Santissima probabilmente ama sia maschi che femmine in *egualissima* misura.

Penso dunque toccherà a talune persone sbandierare nel mondo questa sconcertante verità teologica: il gran **disinteresse dell'Amore Divino per il sesso delle persone**.

In genere il migliore sbandieramento di alcune verità particolari nel mondo, si ha con l'incarnazione di alcuni spiriti particolari nel mondo:

...e fin nella carne 'e porteran il segno,
ma v'è pegno da pagar in tal disegno...

...l'infertilità, l'improduttività biologica dell'omosessuale amplesso d'amore, è come il prezzo che le montagne pagano per essere così alte: non potranno mai e poi mai, in tutta l'eternità, tuffarsi a mare. O come il prezzo che una piscina principesca paga per stare reclusa nella villa del sultano per sempre: non conoscerà mai la vastità dell'oceano, nè la fiabesca solitudine dei laghi di montagna. Ma queste realtà forse soffrono, gemono, si lamentano, si autoflagellano in spirito di colpa e penitenze varie per come sono fatte, e per quello che mai potranno fare a causa di come sono fatte?

Un omosessuale sano accetta quello che è, con pregi e difetti "di fabbricazione", e non cercherà di impossessarsi di figli altrui come neppure di generarne di "propri" con un partner transitorio idoneo alla «moltiplicazione della specie» in una sorta di "libero mercato dei figli".

Anche un eterosessuale *sano* accetterà quello che un omosessuale è, con pregi e difetti "di fabbricazione" senza cercare di farlo diventare simile a se stesso, eterosessuale, e senza insultarlo per il fatto che ha gusti talmente incomprensibili e diversi dai propri. In conseguenza dell'ammaestramento biblico, resta però infisso in molti di essi il seguente grido:

«Guaio!»
La specie deve moltiplicarsi!
Non può essere omosessuale!

Bene, ma Dio, mediante sua Figlia - Madre Natura - ha posto rimedio a questo “guaio" assegnando un maggiore "potenza propulsiva" all'amore eterosessuale, sicchè il 95% dei maschi umani è eterosessuale puro: **se TV e scuola non faranno campagne di marketing e promozione omosessuale**, *l'estinzione della specie a mezzo di una "epidemia di omosessualità" è logicamente, naturalmente scongiurata!*

Resterebbe agli omosessuali e bisessuali – il restante 5% della popolazione - solo il "guaio" di essere additati dalla maggioranza di eterosessuali come «*abomini della natura*» (così li apostrofa la bibbia) solo perchè il loro amore è *demograficamente improduttivo*, “infecondo”.

Ma lo abbiamo detto e lo ripetiamo: le pietre preziose restano pietre preziose anche se non copulano tra loro e non fanno figli; un arcobaleno non si aggancerà mai in tutta la sua vita a nessun’altro arcobaleno, eppure è bellissimo così!

Bello è un amore di 3 membri, di cui uno autoprodotto – e bello è un amore di 2 membri, che tuttavia può *adottarne* un terzo e un quarto rimasto altrove *senza genitori.*

Il “problema” della “infecondità” a causa della (presunta) "maledizione sterilizzante” di Dio (o della Natura), è bilanciato dalla benedizione che la coppia omosessuale porta al mondo allorchè mostra, con la sua sola esistenza, che è possibile amare e donarsi pienamente ad un’altro essere umano **indipendentemente da quello che c’è nelle mutande, senza fare "discriminazioni"**.[24] E’ questa testimonianza che è *feconda.*[25]

L’Ampore è Infinito ed Eterno,
ma anche infinitamente Libero
e Sovrano!

Insomma, un uomo che ama un altro uomo, testimonia al cosmo una possibile visceralità dell'amore di Dio-Padre per qualunque figlio, anche maschio![26]

Un donna che ama un'altra donna, testimonia la visceralità dell'amore di Dio-Madre per qualunque figlio, anche femmina!

Un uomo che ama una donna ed una donna che ama un uomo, oltre a testimoniare l'amore che circola nel creato *tra elementi diversi*, dimostra e dichiara a tutti inequivocabilmente che l'unione degli opposti non è impossibile ma anzi... genera la vita!

L'amore omosessuale è amore non così "sterile", ma semplicemente *semplice* ("unifasico"); esso è il genere di amore che esiste o dovrebbe esistere internamente ad una medesima natura o classe omogenea di enti naturali per autosostenersi.

E' un pò l'immagine incarnata dell'**amore per se stessi, che non genera nulla** ma che tuttavia è la condizione imprescindibile per amare gli altri in quanto è scritto: «*Ama il tuo prossimo come te stesso*».

Bene, tutto questo se c'è Dio,
ma per un laicista?

Volendo ragionare come se Dio non esistesse, l'obiezione circa la «*infecondità*» di un amore omosessuale come «segnale certo della maledizione di Dio», è ancora più facile da liquidare.

Di fatto in natura esistono animali omosessuali.

Sono RARI, ma esistono!

Sono molti oggi i *documentari* a riguardo, ma talvolta non servono in quanto il cane del mio vicino di casa, dice il padrone, è solito rimanere impassibile come una statua di Nettuno nell'Attica quando una femmina gli si butta addosso, invece quando vede un maschio impazzisce, e prova diversi "approcci".

In natura l'anomalia è prevista dalla norma (quindi è "normale") perchè costitutiva dei naturali giochi di sperimentazione interni ad una popolazione genetica, e - in natura - una «malattia» è effettivamente tale se reca *effettivi danni* al corpo-ospite. Ora:

I baci omosessuali sono
biologicamente tossici?

Dunque non resta che tornare ai nostri fondamentalisti islamo-cattolici, perchè soltanto tra loro in effetti si annida il grosso del problema.

1. Il peccato originale del Primo Adam-Cane, ha determinato nel cane del mio vicino di casa una *perversione intrinseca,* esemplarmente rappresentata dalla bava alla bocca e voglia di "giocare" con altri maschi?

1. Se l'omosessualità ha una origine satanica, Satana passa il suo tempo libero a tentare cani nei giardini pubblici, e pinguini in antartide?

XIV
Omosessualità come «Amore Contronatura»

Sicuramente converrai con me che è lecito amare qualsiasi cosa: pure il tubo idraulico del bagno che ci porta l'acqua calda sulla faccia ogni mattina.

Se però parliamo di *sesso*, certo fare sesso con il tubo idraulico del bagno è «contronatura»: ma pensiamo anche alla pulsione sessuale di un adulto verso un bambino, di un uomo verso una capra, di una pornostar verso un cavallo, fino al povero cane che si struscia contro l'albero... ora, la copula di una donna con un anziano signore o un uomo sterile, non è de facto, in ultimo, "contronatura"? *Questi atti sessuali produrranno mai nuova vita, veri bambini?*

«Copulare per divertirsi,
è naturale?»

Dopo decine di secoli il magistero cattolico si è "convertito", e alla suddetta domanda solo da qualche decennio ora risponde decisamente «si!», purché – continua – la copula avvenga all'interno del sacramento matrimoniale. *A tutti gli altri (i non-sposati) non è lecito svagarsi in queste maniere.*

Orbene, proseguiamo il viaggio.

La pulsione di un brutto digraziato che stupra una bella ragazza per strada – che altrimenti non avrebbe mai nella sua vita – non è, in fin dei conti, perfettamente *naturale*, cioè *animale?*

Beh secondo me anche quella è
una pulsione *«contronatura»!*

La categoria di «contronatura» quindi non è così trasparente come sembra, ma potrebbe contenere un giudizio di valore su come debba essere la società *secondo me. E sicuramente, secondo me, non sei uomo se fai sesso col primo che capita solo perché ti piace!*

Ma proprio perchè i piaceri possibili sono umanamente e bestialmente molti e fra i più diversi, il cattolico, come anche l'islamico o il filosofo del partito cinese, desumono dal testo religioso (o statale), i **CASI STANDARD di accoppiamento** che è lecito identificare come «naturali», quindi buoni, o «contronatura», quindi cattivi. Ma essi sono soltanto dei testi normativi, cioè dei testi che per amore del prossimo, del mondo e della società, vogliono indicare a tutti gli uomini confusi *La Norma,* almeno 1 norma!

L'intenzione è retta, trattasi quindi di tentativi, libri, filosofie, politiche e religioni **lecite**, tuttavia... **non assolutizzabili**, per il seguente motivo.

> La società reale è viva, ed è divina - lo Spirito Santo irrora tutti e tutto - sicchè il pentagramma che l'uomo usa per trascrivere questa vita divina su uno spartito leggibile, potrebbe non contenere tutte le note naturalmente esistenti!

Così dobbiamo confessare che anche l'amore di un maschio consacrato a un Dio disincarnato, è per certi versi "contronatura", perché Adamo dovrebbe stare con Eva, non con «lo Spirito» sposato tutta la vita come un angelo di luce!

L'amore di una consacrata per un Dio che una volta ebbe un corpo – ma che ora con lei non è più se non spiritualmente – è probabilmente "contronatura", perché Eva dovrebbe giacere tutte le notti con Adamo, non fra le braccia dello Spirito tutta la vita come una ninfea nel suo lago! Per Adamo fu fatta e dal petto di Adamo fu tratta! Non già da un lago di luce!

La comune applicazione della categoria di «peccato contronatura» è quindi in quest'ambito da correggere o rivedere.

Maria, Madre di Dio, è ben giusto non abbia giaciuto con San Giuseppe, amando Dio, il Verbo, il Figlio e suo figlio di un amore superiore a quello di qualsiasi mondano amante. Chiameremo dunque per questo il suo amore, amore «contronatura», ciò che, in effetti, tutto sommato, è?

Nessun amore è contronatura,
se vero amore è

Amo veramente i boschi e il mare, il cielo e le montagne, i cani, gli animali e gli angeli, Gesù Giuseppe e Maria, ma alcune di queste cose non sono propriamente della mia medesima natura, né la natura potrebbe o dovrebbe unire stabilmente queste cose. Si tratta quindi di *amori contronatura?*

L'«amore errato» lo è perché *«io e te siamo troppo diversi»* (uomo e Dio, angelo e uomo, cane e uomo, cane e gatto, uomo e donna), o perché *«io e te siamo troppo uguali»* (amore fra individui della stessa specie – uomo e donna, uomo e uomo, donna e donna)?

Ma se solo l'amore fra individui simili è corretto e quello fra individui dissimili è errato, qual'è il *giusto grado di dissomiglianza* che legittima fra i due l'espressione concreta della forma massima d'amore? L'amore fra un essere umano ed un alieno apparentemente simile, sufficientemente bello, è anch'esso proibito e peccaminoso?

Se il corano e il testo biblico non trattano in nessun punto l'amore interplanetario ed intergalattico, i fedeli terrestri sarebbero o non sarebbero liberi di copulare a destra e a manca nell'universo?

> Nel 2024 non è più il caso di lanciarci in simili safari esistenziali, quando si parla volgarmente, semplicemente, di comune *sesso tra Persone Adulte.*

Mettendo al centro la **PERSONA** – e non più la **NATURA** dalla penetrazione dei segreti della quale ricaveremmo i giusti oggetti sessuali per i quali tutti gli uomini di una determinata stirpe dovrebbero piamente eccitarsi – ricaveremo il seguente, banale, criterio di orientamento:

L'oggetto che io desidero sessualmente,
mi desidera in altrettanto adulta e
piena consapevolezza?

Se la risposta è si, quell'amore è moralmente lecito.

Se la risposta è no, quell'amore non è moralmente lecito.

Tutto qui. Abbiamo risolto così anche il dilemma sulla naturalità o contronaturalità di un eccitato sulla spiaggia che, stuprando una sirena al mattino, dopotutto, ha solo seguito un atavico, primordiale, naturalissimo istinto (del tutto *umano* – il suo patrimonio genetico era di *Homo sapiens sapiens!*).

L'islamo-cattolico allora replica che bisogna anche ascoltare il parere di Dio espresso nel testo religioso e scritto nella coscienza individuale – castrandosi virilmente persino contro le suppliche di sirene e tritoni eccitati – perché Dio ha i suoi propri criteri di liceità e a noi uomini tocca recepirli, sicché un atto sessuale *moralmente* lecito (grazie all'assenso della madre delle sirene), senza la benedizione di Dio potrebbe diventare *spiritualmente* illecito.

La posizione dell'islamo-cattolico è comprensibile, ma non è *razionalmente* lecita, per i seguenti 2 motivi.

UNO

L'orgasmo è un diritto. Di tutti.

Lo so, non avete mai sentito parlare di questo "diritto", ma sapete che esiste, e che è vostro. E' vostro come il dono più prezioso di tutti, di cui sorpresi prendete coscienza con la pubertà.

E' una cosa divina? Una cosa umana? Una cosa naturale? Un mix di queste tre cose?

Diversamente da qualsiaso altro piacere materiale, l'orgasmo è collegato alla presenza molto fisica ed affettuosa di un altro essere umano accanto a noi. E lo sai, questo "speculum" o polo opposto o complememntare, deve avere caratteristiche particolari, speciali, affinché sia capace di avocare a sé tutta l'intensità che il mio corpo ed il mio cuore hanno in serbo per lui "dall'eternità".

Se il partner non possiede l'intero di quelle caratteristiche che solo l'Io profondo conosce, il mio dono potrà comunque essere erogato, ma più come effetto di meccanica stimolazione degli organi genitali, che come effetto di AMORE.

L'islamo-cattolico, in ossequio ai comandamenti della sua religione suggerisce dunque agli omosessuali di calcare questa seconda via come loro personale, divina VIA D'AMORE:

> *«Lesbiche! Copulate con uomini! Biologicamente potete farlo, e potrete avere il dono di un figlio che vi arricchisce davanti a Dio e vi consolerà per l'eternità!».*

> *«Froci! Copulate con donne! Sappiamo già che non trarrete conforto sensuale dalla femmina che avrete scelto (o vi sceglierà) come moglie, però il vostro apparato riproduttivo funziona perfettamente ed opportunamente stimolato – anche soltanto una volta l'anno – dalla vostra pazientissima e misericordiosissima Eva, darà anche a voi un figlio, frutto prezioso dei vostri fianchi! Non ve ne pentirete!»*

Con questi appelli l'islamo-cattolico procede ad una operazione di imbastardimento dell'amore, allunga il vino con l'acqua, aggiunge aceto e miele al vino, per dare a questi esseri umani di seconda categoria, un vino di seconda categoria:

> «Non siate irriconoscenti ed ingenerosi: anche voi avete avuto da Dio il vostro vino, tutto sommato, in qualche goccia, del tutto uguale al nostro!».

Ma un orgasmo felice è un diritto di tutti.

E' forse l'ultimo criterio rimasto di uguaglianza sociale, quello per il quale un povero imbruttito da uno Stato senza più alcuno al timone, danneggiato da una politica senza onore, divorato dalla feroce giustizia dell'economia liberista novecentesca, si dedica con tutto se stesso a copulare con l'ultimo piacere rimastogli in terra! E così succhia succhia la linfa da quell'ultimo albero rimasto in piedi, e succhia così tanto e così bene, con la forza della disperazione lenita da un essere le cui mani e i cui piedi gli pare procurino una guarigione completa.

Quest'essere da cui trae l'ultimo sostentamento, è piacevole per lui in tutte le sue parti, persino nella voce; non è un essere che egli USA per generare figli, è un essere che egli usa, prima tutto, per guarire interiormente.

E voi volete togliergliello,
sostituendolo con un figlio,
che è bellissimo ma è
un'altra cosa!

Non volendo dare al vitello il latte della mamma, gli si dà un latte artificiale che – è provato – lo fa crescere ugualmente!

Ma è la stessa cosa?

Il vitello, sapete, lo beve comunque: ha fame e non capisce nulla del mondo! Ma noi che vegliamo dall'alto, guardiamo e sappiamo, e sappiamo che quello non è *latte!*

Così, madri e padri di cartapesta pare l'islamo-cattolico voglia estrarre da ogni omosessuale; *amanti funzionali* (alla riproduzione) ed amanti stanchi, annoiati, infelici, incompleti, incerti. Depressi? Se non costantemente assistiti da un tutore psichiatrico per tutta la durata del matrimonio, è ovvio che questo è l'esito annunciato.

«Non tutti possono raggiungere l'orgasmo», è vero.

Ma vedi, se non puoi raggiungerlo per problematiche biologiche, amen! Porta questa croce!

Ma se lo si può raggiungere perfettamente, veicolare o costringere la libido verso un oggetto sessuale non da me apprezzato totalmente e tuttavia "socialmente degno" e "voluto da Dio", non è solo uno schiaffo in faccia a Madre-Natura, ma anche alla mia *Persona Umana!*

Una tale costrizione è solo l'ultima risorsa, talmente grave e spregiudicata da utilizzarsi, come la pena di morte, solo in casi di efferati delitti.

Se utilizzi un cannone per sparare a una zanzara che vuole soltanto copulare con te, ciò non è opportuno per le pareti della tua casa e dei bambini che dormono con te: bastava chiuderla in una mano!

Se utilizzi una (inutile) terapia chimica o la minaccia dell'inferno per riorientare quello che soltanto voleva amare altri omosessuali come lui (e morire solo in caso non ne trovasse di amabili), il **diritto ad un trattamento paritario** di tutti gli esseri umani viene umiliato, giacché certuni, secondo "Dio", avrebbero diritto ad un orgasmo completo con l'aspirato partner, mentre altri avrebbero diritto, secondo "Dio", ad un orgasmo a metà, mai ad uno completo col partner aspirato nell'inconscio e sognato ogni notte (pur non essendo affatto lesi da Madre-Natura).

Perchè tu devoto cattolico vuoi togliere a certuni il diritto ad un orgasmo felice? Cosa vi guadagni e cosa perdi dalla serenità sessuale di costoro?

Costoro dovrebbero sacrifichare la propria ultima essenza, il proprio ultimo piacere – come il 95% del mondo eterosessuale MAI farà; lo dovrebbero fare, invece, solo loro e in massa, automaticamente, gli omosessuali, per un (malinterpretato) versetto biblico.[27]

DUE

Non nascono tutti suore e preti mancati.

Un omosessuale cattolico che rinuncia al fidanzato/a perché lo dice San Paolo, esiste! Ma *non esiste come norma.*

Normalmente l'essere umano medio non vuole diventare martire né santo, vuole soltanto vivere felice, sereno, pieno di baci dalla persona amata, coccolato su una spiaggia e passeggiando (e non proprio pregando).

Questo appare inaccettabile ad un fervoroso prete cattolico, ma così è: *Dio non chiama tutti gli omosessuali ad una tormentosa sequela Christi* basata sulla mortificazione interiore, il sacrificio di sé e la castità. Basta conoscere e parlare con qualche omosessuale per accertarsi di questo: potrebbero credere in Dio, ma essere talmente inadeguati all'idea di fare della propria casa un convento!

E poiché neppure il 90% di eterosessuali trasforma le proprie camere da letto in urne di preghiera, non si capisce perché agli uni Dio dovrebbe tenere le spalle sgombre da questo poderoso fardello (la castità eterna[28]), mentre agli altri – con le stesse *identiche* forze, passioni e vizi, virtù e debolezze (basta guardarli in faccia!) – Dio dovrebbe mettere sulle spalle niente poco di meno che la stessa CROCE DI CRISTO E DELLA VERGINE MARIA.

Li avete visti in faccia?
Li avete sentiti parlare?

Se ne trovi uno od una, omosessuale o transessuale, che si ferma 5 minuti ad ascoltare la tua predica, quello è il massimo di martirio che otterrai dalla sua vita con la tua predica!

Ma il fatto straordinario è che non sono per questo *cattive persone,* indemoniate e carcerabili; non sono affatto diverse dai milioni di eterosessuali che vagano accanto a loro sulle vie di ogni città: gioisamente distratti come loro, leggeri come loro, pieni di sogni e belle speranze, felici come loro nelle loro segrete alcove... se non fossero additati dalla società e dalla bibbia come «mostrum» teologici!

Li avete visti in faccia?
Ci avete mai parlato?

Venerabile prete, per uno su mille che hai trovato disposto a trucidare la sua propria sessualità rinunciando per sempre ad orgasmi consapevoli al pari di te sacerdote di Cristo, hai dedotto e sognato che tutti gli altri omosessuali suoi fratelli potessero e dovessero comportarsi allo stesso modo, **sostituendo un amore con un altro**.

Di amore si vive!

Ma non basta togliere ad un omosessuale-maschio l'amore per il maschio, per accenderlo automaticamente d'amore per Cristo (questo dovrebbe esser già seminato in lui, e già abbastanza sviluppato!), e tantomeno d'amore per una femmina; non basta togliere ad una omosessuale-donna l'amore per la donna, per accenderla tutta d'un tratto di devozione per la vergine Maria, e tantomeno per un bel fallo!

Non è così impossibile da capire![29]

D'amore si vive! E non tutti quelli che nascono con una particolare configurazione di nei, sono poi destinati alla divina crocifissione. *Solo i chiromanti deducono da un tratto fisico, una Vocazione.*[30]

XV
Omosessualità come «Amore Delittuoso»

Quando Papa Francesco, nella famigerata *Fiducia Supplicans,* propose la benedizione (di 15 secondi) alle coppie gay, la reazione spontanea di alcuni preti conservatori e fervorosissimi fedeli, fu:

Ora anche gli
«oggettivi stati di peccato»
vanno benedetti?

In effetti, la stessa Chiesa non approva giammai le unioni sessuali gay, che continua a stigmatizzare come inverecondi *peccati*, quindi l'obiezione dei cattolici conservatori contro la benedizione delle coppie gay appare razionalmente comprensibile, e comprensibile il rifiuto di molti preti e vescovi (praticamente tutti quelli africani) ad applicare la nuova direttiva pontificia:

> «Se viene qualcuno con la pistola, il sacco e il cappuccio e chiede a me prete una benedizione, perché io prete devo dargliela? Sono forse cieco?»

«Se, cioè, presentandosi mano nella mano, io prete capisco che la coppia omosessuale pratica l'omosessualità, non sarebbe *schizofrenia* benedirli?».

La suddetta efficace analogia ha una pre-condizione di validità: che il sesso tra due gay sia davvero un *crimine simile al prendere la pistola e il cappuccio e cominciare a sparare alla gente!*

Ora valutiamo questo "crimine" dal punto di vista filosofico, giuridico, civile e biblico.

Dal punto di vista filosofico, l'amore è amore, non odio. L'amore, quindi, dovrebbe essere benedetto, mentro l'odio maledetto o ignorato.

Dal punto di vista giuridico, quello *«oggettivo stato di peccato»* è "oggettivo" più per le norme del vecchio testamento che per il nuovo, ma in nessun caso è ripreso come tale dalle giurisdizioni occidentali. Perchè mai dunque un prete deve trattarlo o alludere ad esso nelle sue analogie e pubbliche omelie come un vero e proprio *crimine?*

Riconosciuta la libertà d'espressione che gli è propria come ufficiale di uno Stato Vaticano sovrano ed indipendente rispetto a qualsiasi Stato secolare nei cui tessuti la Chiesa venga ad incistarsi, non sarebbe da parte sua eccessivamente audace, improprio se non disonesto assimilare direttamente o indirettamente il sesso tra due persone gay a un *reato* piuttosto che a un *peccato?*

Venerabili Pastori,
non paragonate mai più
il sesso tra due gay
a un *reato!*

Non lo è!

Non lo è dal punto di vista civile, perché il sesso tra due uomini o donne gay non si configura come dannoso per la società in cui essi operano: lavorano, mangiano e bevono; guidano la macchina o il motorino; acquistano e vendono case; comprano tabacchi; pagano l'iva e l'ici come tutti gli altri eterosessuali, quindi *dov'è il delitto a seguito della loro strana pratica sessuale?*

Dal punto di vista religioso, infine, è vero che la Bibbia come anche il Corano sono abbastanza severi sul tema, ma *in nessuna parte i testi riportano di crimini direttamente connessi alla pratica dell'omosessualità;* la condanna del Vecchio Testamento come di San Paolo, è semplicemente ideologica, umorale, generata da sensibilità ed emozioni umane ad essa innatamente contrarie[31], piuttosto che da veri e propri disturbi sociali e fatti criminosi connessi alla pratica dell'omosessualità nelle private camere da letto.

Venerabili preti e monaci
vi prego non paraganote mai più
due che si presentano a voi
mano nella mano
in cerca di una benedizione
a due banditi col cappuccio e la pistola
prossimi a rapinare una banca!

L'unico "fatto" che probabilmente ha convinto Dio a far dire a Mosè e a San Paolo qualcosa di particolarmente duro contro l'omosessualità, è che se fossimo tutti omosessuali... la specie certo si estinguerebbe, e se diventasse una *moda sociale* – come purtroppo l'Occidente2024 pare voglia fare – la società non servirebbe certo il *progetto divino originario, esemplificato nel mito di Adamo ed Eva.*

Ma contro questa tragica deriva – possibile in una umanità debole e guidata dalla Stella dell'Abisso qual è quella ferita dal peccato originale – bastano uno o più autorevoli istituti che indichino fermamente a tutti la verità, e cioè che *il potere del sesso è sacro e non si gioca col sesso della gente.* Non si "prova" a far questo e quello indifferentemente con maschi e femmine, omosessuali e transessuali – alla ricerca della "giusta combinazione" come alla slot machine!

Contro le depravazioni questo solo deve fare l'educatore scolastico, la politica, il catechista e/o la tv: facilitare il contatto con la propria verità personale, poco fluida e molto reale, quindi **svelare la *propria* più intensa e decisa sessualità, non già instillare nella libido dei fanciulli una eterna foschia.**

Il freno a mano lo tirerà poi Madre-Natura, che solo in piccolissima percentuale genera *omosessuali puri*, così, anche lei, per "gioco". Sempre.

XVI
Omosessualità come «legittimo impedimento al sacerdozio»

> «Se gli omosessuali non devono farsi preti perchè vogliono maschi e peccherebbero coi maschi (in seminario), gli eterosessuali non devono farsi preti perchè vogliono femmine e peccherebbero con le femmine (in confessionale)?»

Se il fatto di essere maschi eterosessuali con pene "frizzante" (frequente erezione mattutina) non pregiudica il fatto di potersi fare o non fare preti (ma lo pregiudica la mancanza di amore verso la collettività e gli interessi della Chiesa), così il fatto di essere maschi omosessuali con pene "frizzante" (frequente erezione mattutina), non dovrebbe pregiudicare il fatto di farsi o non farsi preti (ma lo pregiudicherebbe senz'altro la mancanza di amore verso la collettività e gli interessi della Chiesa).

L'interesse della Chiesa, in Occidente, fu sicuramente il celibato [32] di vescovi e sacerdoti, e di conseguenza la **capacità di mantenersi casti** è virtù confacente al ruolo di pastore *cattolico.* Sicuramente, se nella Chiesa d'Occidente non reggi o non sopporti la continenza sessuale, non dovresti[33] salpare dai suoi seminari per diventare prete...

> ...ma se un omosessuale che non regge la continenza non dovrebbe imbarcarsi in una impresa del genere, perchè mai

> un eterosessuale che può non-reggere la continenza proprio come un omosessuale, può lui invece imbarcarsi in una impresa del genere?

L'osservazione non è iniqua, in quanto anche eminenti docenti in Sacra Teologia, inciampano in questo stupido sasso.

La castità non ha colori.

E' uguale sia in un uomo che in una donna; sia in un maschio, mezzo-maschio, che in una femmina, mezza-femmina o femmina al quadrato; la castità è un angelo "neutro".

La castità è una fiamma che scioglie sia l'oro che il piombo, sia il rame che il ferro. Brucia i tronchi e la paglia, la carta e le stoppie. Essa non guarda affatto la natura di colui che osservando annienta.

Il suo occhio purissimo come diamante trasforma in eguale maniera orsi e donnole, aquile e passerotti, eterosessuali ed omosessuali. Forse, invero, con qualche differenza nei tempi (in base alle pregresse abitudini sessuali[34]), ma l'esito in ogni caso lo stesso è.

Come il mare copre le valli più profonde, così l'acqua della castità copre le fratture della terra, *qualsiasi cosa abbia precedentemente prosperato su quella terra.*

Perciò... anche un omosessuale può essere casto!

Proprio come un eterosessuale!

Il dono della *Verginità per il Regno,* è patrimonio possibile di 2 specie di creature:

1. Gli angeli, che non hanno corpo e, perciò, neppure *pulsioni sessuali[35];*
2. Gli uomini che, pur dotati di libido, sono dotati di un amore + forte e più grande di quello osservando il quale la propria libido si compiace.

Ma tale dono, quello della *Castità per il Regno,* non arriva più facilmente agli eterosessuali che agli omosessuali, per i motivi che seguono:

- Se non hai responsabilità e/o non ti senti responsabile di nulla, sarà oggettivamente difficile per te "contenerti": «per che cosa» astenersi, sarà la domanda interiore ricorrente. Ma avere intorno un insieme di persone che confidano nella tua castità, e che per il merito ed in vista della tua castità ti affidano particolari compiti, *lega* alla castità la vita dell'eterosessuale o quella dell'omosessuale *in egual maniera.*

- L'amore e l'approvazione della Chiesa, di una parrocchia come di una famiglia religiosa, ha il potere di non far sentire solo tanto l'eterosessuale quanto l'omosessuale.

Benchè tale senso di solitudine in fondo possa permanere, un sposalizio sebbene solo virtuale con una comunità più ampia della propria solitaria anima, può trattenere nella castità molti impetuosi pensieri, di eterosessuali od omosessuali in egual maniera.

Ma se non ottieni l'affetto nè la compagnia né della Chiesa né di una famiglia parrocchiale né della società in generale, l'uomo e/o prete nella sua libertà è più esposto alla solitudine e perciò all'amarezza ed infine alla caduta nelle occasioni di esercizio dell'impurità. Questo accadrà ad eterosessuali od omosessuali in egual maniera.

Un pò diverso è il caso di chi ha un *grandissimo* – ma davvero molto grande – amore per il Signore (e non è detto che l'abbiano soltanto i preti, né che i preti stessi l'abbiano!).

La tua proposta di "fidanzamento" ultraterreno NON è stata rifiutata e sei divenuto, finalmente, figlio di Dio *del tutto consapevole.*

Perciò adesso ha assolutamente senso che tu ti contenga e faccia "l'angelo". Per chi?

Per la tua *futura sposa:* la Chiesa.[36]

O per il tuo *imminente sposo:* il Cristo.[37]

Tu, anima orante in fiduciosa attesa di contrarre mistiche nozze, non sei più **libera e vuota come il nulla**, ma quella concreta foglia sei su cui le gocce di rugiada ogni mattino si posano, ed estrai dall'orto tutti gli elementi nutritivi con le tue proprie radici. Omosessuale o eterosessuale, cavolo maschio o cavolo femmina, kiwo o kiwa, in questi casi il lavoro di mantenersi casti è rapido ed agevole in eguale maniera!

Tale lavoro non ha colori.

La difficoltà di rimanere casti è "democratica", ovvero non dipende dall'orientamento sessuale, ma dall'amore divino con cui tanto l'omosessuale quanto l'eterosessuale si decide a spegnere la "tv" dei pensieri impuri.

> «Ci sono già così tanti seminaristi e preti gay... questo non va assolutamente bene per la Chiesa! Se scopri in te questa tendenza, sii buono e giusto, non farti prete! Ti farai del male e farai del male a nostra Santa Madre Chiesa!».

Va bene, poiché sono cattolico e tu mi sei superiore in grado, ti ascolterò, ma ascolta anche tu me, e rispondi a queste domande:

> Perchè mai la via della castità dovrebbe essere un percorso più difficile per un omosessuale che per un eterosessuale?
>
> L'eterosessuale ha pensieri impuri e può farsi prete.
>
> L'omosessuale ha pensieri impuri e non può farsi prete?

Inoltre, un nostro comune superiore in grado lasciò detto:

«Se una persona è omosessuale

e vuole servire il Signore,
chi sono io per giudicare?»

Papa Francesco[38]

Oltretutto per un omosessuale è assai più difficile innamorarsi e scappare via dal confessionale col primo capita, in quanto gli omosessuali sono oggettivamente pochi in natura (l'1-5%), e fra questi è statisticamente più difficile trovare il partner persino *minimamente adeguato.*

Invece un bell'uomo che si fa prete è assai più esposto alle tentazioni, perchè le belle femmine eterosessuali sono assai più numerose nel mondo e possono affollarsi al confessionale con più probabilità.

I re barbuti *di solito* non cercano principini con gli occhi azzurri, ma le dolci sirene *di solito* circondano tutto l'equipaggio della nave di Ulisse!

Così, preti gay e/o bruttarelli *potrebbero* intendersi come uno "scudo divino" naturale della Chiesa contro la tempesta di donne eccitate ed eccitanti che una lasciva epoca storica scatenebbere su chiese sorvegliate da preti belli, virili e tutti eterosessuali! In tutti i casi, ovviamente, è la forza della propria limpidezza interiore a sancire il destino di un prete.

Le pulsioni omosessuali sono esattamente come quelle eterosessuali: puoi domarle[39], oppure no.

XVII
Omosessualità come «surrogato di un amore genitoriale carente»

> «[...] Il miglior modo per prevenire l'omosessualità, è difendere la famiglia, recuperando in particolare la figura di un padre affettuoso ma autorevole, capace di dettare delle regole e dei divieti».

Questo monito impresso su un sito cattolico, è ingannevole.

Evinciamo da diverse relazioni scientifiche pubbliche (documentari su Focus), che anche un padre-pinguino può generare un figlio-pinguino omosessuale.

Ma stando all'osservazione cattolica di cui sopra, il "peccato" del padre-pinguino sarebbe stato la «*mancanza di autorevolezza*» e un "*senso della famiglia*" carente, responsabilità quest'ultima certo della madre-pinguina.

In realtà, però, madre-pinguina e padre-pinguino si mostrano più umani ed evoluti di padri-cattolici e madri-cattoliche, in quanto <u>il figlio-pinguino... normalmente vive *sereno*</u>. Non si uccide nè risulta particolarmente aggredito dagli altri pinguini o dagli stessi genitori per la sua omosessualità.

In effetti, il pinguino-omosessuale non genera presso la comunità pinguina nessun genere di malvagità, eccetto forse qualche disturbo a pinguini-maschi eterosessuali non-interessati al suo scanzonato corteggiamento, ma anche questi molto più corretti e sensati degli eterosessuali-uomini, perchè assolutamente non-interessati ad infliggere al pinguomosessuale sofferenze psicologiche e una qualche forma di vergognosa espiazione del suo «peccato», né una ossessiva ricetta per *«La Cura»*.[40]

Nel mondo dei pinguini possiamo vedere che **la famiglia esiste come *sostegno incondizionato al piccolo***, e non come scuola di addestramento di animali selvatici forti, perfettamente adattati alla cultura di riferimento e capaci di fecondare utilmente pinguine in età adulta.

Quando in Antartide una presenza genitoriale difettosa produce un feeling/non-feeling genitori-figli che trasforma in piccola lesbica la piccola pinguina, ed in piccolo frocio il piccolo pinguino, i genitori pinguini non assumono tale esito come espressione di una propria profonda colpa o peccato, di una insufficiente preparazione civica, scientifica, pedagogica o catechistica, ma come risultato di una libera emotività personale che ha altrettanto liberamente modellato, sebbene in modo inconsueto, la fisionomia psichica del figlio. Ed ecco, ciò era messo in conto da madre-natura, non essendo l'amore tra gli spiriti, relazione mai del tutto controllabile fin dalle fondamenta!

Insomma, la vita è vita! Ed il popolo dei pinguini questo lo sa.

Il tipo di attrazione sessuale maturata dai figli, sebbene possa essere stato influenzata dal comportamento genitoriale, in un mondo animale adulto e civile come quello polare, non implica striscianti, molesti e terribili sensi di colpa nei genitori e nei figli. Il padre e la madre vivono sicuramente come dolorosa colpa la perdita del pullo e la sua morte precoce, il suo ammalarsi e il suo lamentarsi, ma giammai giudicano con infelicissimo piglio una avversione per le vongole o un gusto spiccato per i piccoli branchi di acciughe piuttosto che per le foche monache, che il figlio si diverte ad inseguire e mangiare!

> Paradossalmente, il **bestiale istinto di perpetuazione della specie** di cui gli uomini parlano all'università additandolo agli animali, è più sviluppato negli uomini che negli animali!

Nella moderna società dei pinguini, invece, preferire la copula con un maschio piuttosto che con una femmina non è socialmente biasimato né riprorevole, non è oggetto di dibattimento politico, sbattimenti di petto e referendum speciali; non merita speciali interventi di rieducazione psichiatrica né accuse liturgiche straordinarie, in quanto si tratta di orientamenti che appartengono alla sempre libera e rispettabile *storia infantile* di ogni pinguino e di tutti i pinguini coinvolti in essa, non recano danni a terzi e – se troverà l'amore[41] – neppure a se stessi.

XVIII
Omosessualità come «offesa alla Persona Umana»

Il cattolicesimo conservatore sostiene che *«l'omosessualità è una condizione patologica*[42]*, che ostacola la piena realizzazione della Persona»*, ed è *«incompatibile con i livelli più profondi della Persona».* [43]

La sentenza è severa; per comprenderla pienamente, quindi, occorrerebbe almeno leggere la definizione che la stessa Chiesa cattolica fornisce di *"persona"* e/o di persona *"umana"*.

Orbene, ci fidiamo!
Siamo sicuri che tutte le definizioni
da essa fornite nel CCC[44]
siano bellissime e perfette!

Và evidenziato invece che molte definizioni si espongono al passaggio dei tempi, e ciò che appare perfetto in un'era, diventa imperfetto nella immediatamente successiva. Per il concetto di *«re»*, *«monarchia»*, *«nobile»*, *«aristocratico»*, *«principe»*, *«Stato»*, *«governo»*, *«economia»*, *«democrazia»*, *«denaro»*, *«politica»*, *«diritto»*, *«bene»*, *«male»*, *«moglie»*, *«marito»*, *«maschio»*, *«femmina»* etc fu così...

> La Storia modificherà anche la definizione di *«Persona»* data dalla Chiesa cattolica? Quella per la quale le *persone omosessuali,* sono *meno persone* delle altre? Cioè *persone incomplete*?[45]

Non lo sappiamo.

Sappiamo che per un induista, i Veda e non altri sono i testi educativi di tutta la «persona umana».

Per uno scintoista, la «persona» è qualcosa di non disgiungibile dagli alberi che la circondano.

Per uno scientista, la «persona» è come l'intende la psicologia scientifica contemporanea, ovvero un fruttato neurochimico.

Per un liberal-progressista la *«Persona»* è come l'intende sia Papa Francesco, sia la bibbia, sia la scienza sia il senso comune, e proverà a far stare tutte queste definizioni (scomodamente) in una stessa stanza.

La tesi della *'omosessualità come offesa alla Persona Umana',* potrebbe dunque essere irrimediabilmente vincolata alla natura, alla storia, al luogo e alla cultura della persona che enuncia tale tesi!

Secondo te, un omosessuale è una
«Persona Completa»?

Ma una parte dell'umanità può parlare, davvero, delle *«Persone Umane»* a nome di tutta l'umanità?

Noi sappiamo che il modo della Chiesa di intendere «la Persona», non è l'unico possibile.

Forse la "persona umana" è quanto viene definito dall'umanità intera seduta attorno un tavolo, mai da una selezione particolare di essa!

> Quando e se il cattolicesimo riuscirà a cooptare tutta l'umanità attorno a un tavolo – o l'umanità intera coopeterà il cattolicesimo – allora il cattolicesimo potrà con diritto sentenziare sulla *Persona Umana,* perché solo allora sarà diventato totalmente rappresentativo della specie umana!

Ma al momento tale diritto non se l'è guadagnato, avendo fatto figli e figliastri, trattando alcuni angeli alla stregua di ranocchi e alcuni ranocchi alla stregua di principi, e – invece di fare comunione – piantando sulla terra sue proprie strane bandiere.

Solo un cattolicesimo veramente *cattolico*, cioè "universale" – benedetto non tanto dagli uomini, quanto dalla Storia degli uomini – dirà qualcosa di universalmente rispettabile!

Allora quella tesi cattolica secondo cui *«l'omosessualità è incompatibile con i livelli più profondi della Persona Umana»*, dovrebbe oggi più esattamente tradursi: *«l'essere omosessuali è incompatibile con l'anima delle persone che noi cattolici abbiamo fino ad oggi raccolto ed in nome delle quali parliamo»*.

Quando sotto la vostra bandiera raccoglierete tutta l'umanità, potrete parlare a nome di tutta l'umanità!

Prima di allora, ogni definizione, benchè *valida*, cadrà a terra tra i sassi!

Nessuna religione ha il diritto di estirpare dalla realtà una comunità REALE per il tramite di ragionamenti teologici da elevare al posto degli umani, perché neppure Dio si è messo su un piedistallo! Esso è sparso addirittura negli omosessuali, semi maschili e femminili di una insondabile Coscienza Divina, in mezzo a molti altri semi di diversa natura e vocazione.

XIX
Omosessualità come «rifiuto demoniaco del Cattolicesimo»

Diciamoci la verità: gli omosessuali perseguitano la Chiesa cattolica. Molti di essi si dichiarano espressamente e ferocemente "anti-cattolici", tuttavia lo fanno per un semplicissimo e comprensibilissimo motivo: il cattolicesimo **discrimina** gli omosessuali, teologicamente (se non pastoralmente).[46]

Ma un cattolicesimo *integralista* non è un cattolicesimo *integro!*

I cattolici integralisti sono più dinamici, più coraggiosi, presenti, accesi, audaci, irretiti. Di conseguenza, sono i primi ad andare in tv, diventando «il mondo cattolico».

Se si vede quello, esiste quello,
ed il cattolicesimo è quello

Ma se l'altro cattolicesimo, quello più aperto ed accogliente, materno, integro, maturo, portatore di valori cristiani autentici, non finisce davanti alla tivù ma davanti al tabernacolo – e non scende in piazza in manifestazioni di furia parigina – effettivamente questo secondo cattolicesimo, più morbido, è come se non esistesse, ed allora *sventola nella coscienza collettiva il cattolicesimo omofobo*.

Ebbene, bisogna capire che quei cattolici che istigano all'odio, alla persecuzione, ad una malcelata forma di discriminazione verso ciò che è diverso dalla propria *mentalità naturale, non rappresentano che se stessi*, una minoranza irritata ed irritante, tanto gretta quanto colta!

Essi parlano di Dio per parlare delle loro veramente maschie idee sulla Verità.

Dovrebbero trovare l'educazione civile (in tv e nei social come a scuola) come argine naturale alle proprie fiammanti proteste, ma non è mai detto che il corpo educante sia educato esso stesso, così urlano liberamente IN NOMINE DEUS, provando a frenare all'esterno qualcosa che nell'intimo non riescono ad accettare – la *Virile Tenerezza* di un uomo verso un altro uomo[47]. Ma, ancora, bisogna capire che il cattolicesimo più integro non è quello integralista!

Mi rivolgo agli omosessuali effettivamente "imbestialiti" dalla spiritualità discriminatoria cristiana:

Gesù è diverso

Date tempo al tempo!

E nel frattempo non trascurate Gesù Eucaristico!

Siate pazienti e misericordiosi; i NUOVI VALORI, anche se ora evidenti, non possono non sconvolgere l'ordine antico, precostituito, disorientando naturalmente *La Maggioranza*, la quale però non è ancora *"La Comunità".*[48]

Ora la domanda chiave diventa:

> UNA CIVILTA' CHE CRESCE NEL CORSO DEI SECOLI, DEI MILLENNI E DEI MILIONI DI ANNI, POTREBBE MAI SVILUPPARE NUOVI VALORI?
>
> I 'Nuovi Valori' sono sbagliati in sè?
>
> Come si concilia l'esistenza assodata di uno sviluppo storico-umano in ambito civile, tecnologico, culturale e valoriale, con l'esistenza di una *Rivelazione Biblica* data una volta per tutte, puranche nella preistoria?

Negli anni '50, nel Mississippi o nell'Alabama il K.K.K. frenava moltissimo contro l'apertura mentale della popolazione bianca a favore dei negri, che non vedeva più come *esseri inferiori* ma come uomini e donne di diritti pari ai loro e con cui convivere pacificamente.

> Nei momenti socialmente "ricchi" (di culture e libere opinioni) **lo stereotipo è qualcosa di certo, e dunque di rassicurante.**

Più il futuro ci appare variopinto e problematico, più ci aggrappiamo alle poche cose certe rimaste, fra cui, almeno, l'essere maschio-maschio - che porta i soldi a casa e si appropria della sua donna, e l'essere femmina-femmina - che stira i pantaloni e serve l'uomo. Come già qui sostenuto, questa distinzione netta e decisa tra i due sessi è benedetta e ha da essere protetta nella storia della natura umana, ma perché mai deve essere *assoluta?* Valida in *ogni* caso ed in *tutti* i casi particolari?

> Anche se talvolta nascono piccioni tutti bianchi, i piccioni grigi non urlano e non si stracciano le vesti. *E' perfettamente naturale!* Verosimilmente li osservano, però, con candido stupore.

Il cattolico moderno oggi deve scegliere se incarnare una idea vecchia di cattolicesimo (c. omofobo o «conservatore»), o nuova (c. progressista). Resterà cattolico in tutti e due i casi, ma consideri che anche ciò che pensa nel segreto del suo cuore, verrà il giorno in cui sarà gridato sui tetti!

Anche l'omosessuale moderno deve scegliere se aderire ad un cattolicesimo conservatore – che non stima l'omosessuale che è ma vorrebbe cambiarlo, snaturarlo – oppure ad un cattolicesimo più dolce, moderato e progressista che non desidera evirare il sentimento estetico e sessuale che l'omosessuale prova spontaneamente a contatto con alcuni esseri umani.

Il moderno omosessuale non deve necessariamente essere anti-cattolico e dichiarare guerra al cattolicesimo per dare corenza alla sua omosessualità, né deve dichiarare guerra alla sua sessualità per dare coerenza alla visione cattolica, può semplicemente essere cattolico *di sinistra!* (o di destra).

Dagli anni '50 ad oggi le cose sono cambiate molto in America, ma i neri sono gli stessi di 70 anni fa.

Gli omosessuali di oggi sono quelli che 70 anni fa si nascondevano in matrimoni eterosessuali infelici, e sono gli stessi che tra 70 anni cammineranno nel mondo mano nella mano.

E' sempre accaduto e continuerà ad accadere.

Pure tra altri 2 mila anni!

E' sicuro!

Puoi crederci e già "vederli" lì, a parlottare amabilmente tra loro e, infine, baciarsi!

Questa "malattia" è come l'influenza:
non ci sono vaccini che tengano,
perché per motivi che non sai
è prevista dalla Natura

Forse tra settanta anni il cattolicesimo guarderà questo tempo storico con la stessa rabbia o stupore o la stessa compassione con cui oggi ricordiamo la debolezza degli americani che pur non facendo parte del K.K.K., nell'autobus o a teatro avevano paura a sedersi vicino a un negroide.

Li scopriamo nei documentari di storia e ce ne sorprendiamo, li contempliamo nei film e ci indigniamo, poichè, con la coscienza collettiva di un tempo storico più avanzato, li giudichiamo ignoranti, violenti, patetici.

Come la vecchia civilità americana chiusa ed impaurita era poco "americana" confrontata a quella di oggi, così l'attuale cattolicesimo sarà considerato "poco cattolicesimo" in confronto al magnifico fiore universale che un giorno sboccerà.

XX
Omosessualità come «tendenza malvagia separabile dal resto»

Il corpo è anima e l'anima-è-nel-corpo:
sono cose *inseparabili!*

Per distinguersi dallo gnosticismo, dal paganesimo platonico e dalle teorie spiritiste, la Chiesa docente dichiara a ogni piè sospinto che l'essere umano è *sia anima che corpo.*

Ma se questo è vero, l'essere omosessuali... NON SARA' MAI SOLO CONCETTO! Quel teologico «essere (omosessuali) senza praticare (l'omosessualità)», anche per questa ragione è un invito irricevibile! A meno di non avere organi sessuali disfunzionali, l'omosessualità resterà un modo di essere (umani), cioè un fatto *sia spirituale che carnale.*

L'esperienza **sessuale**
è una esperienza **naturale**
o un'esperienza **psicologica**?

Proviamo a rispondere noi personalmente a questa domanda, ma prima di farlo, osserviamo:

"Putrescente" ai santi appare TUTTO il sesso,
persino quello eterosessuale!

E mentre i cattolici più robusti raccomandano di sposarsi si ma di copulare solo per fare figli, i **cattolici ordinari** copulano una o due volte a settimana.

Dopo malumori di secoli, tale inconsulta frequenza è stata finalmente accettata dal moderno clero cattolico, ma...

sistematicamente leso il comandamento universale della Angelica Purezza – divenuta tale "trasgressione" *«segno e carattere del popolo di Dio»* in seno ad una Chiesa rimasta eterosessualista – risulta ora logicamente lacerante per essa ammettere *persino* l'esperienza omosessuale!

Se 1.000 anni non sono bastati e ne occorsero circa 1950[49] per legittimare pienamente insistenti pratiche sessuali tra coniugi entro un vincolo matrimoniale del tutto santo e riconosciuto – promosso da Madre-Natura in persona la quale operava così ben prima che l'uomo comparisse sulla terra – diciamolo, che speranza hanno oggi le unioni sessuali maschi-maschi femmine-femmine, di ottenere l'approvazione papale e la benedizione sacramentale dopo appena 20 anni di *acerbe discussioni?*

> Il sesso è *per definizione* "volgare", misterioso, eccessivo! Ma lo è ancora di più quello *fuori dagli schemi comuni,* che anch'esso, per "definizione", esiste ed esisterà sempre!

L'umanità è fatta da materialisti e spiritualisti, oggettivisti e soggettivisti, intuizioni e cose, sole e luna, fascismo, raziofascismo e liberal-fascismo, progressisti e conservatori. E' su questa falsariga che procede quel Tira & Molla chiamato "storia".

Bene, un ateo – tutto preso dalla sua **aderenza alle cose concrete del mondo** – dirà:

> *«Il sesso è quanto di più bello ci dà la natura!*
> *Froci, lesbiche, trans, bisex... se a loro fa piacere essere così, amen!».*

Invece un devoto cattolico – tutto preso dalla celeste nobiltà dello Spirito Santo – dirà:

> *«Il sesso è quanto di più infimo ci dà la natura.*

L'uomo superiore domina queste cose e le veicola verso il Sommo Bene, che è purezza e salvezza».

Che cosa produce questa grande differenza di vedute intorno un tema comune a tutti gli uomini?

Riflettiamoci: è il **rapporto col proprio stesso corpo!**

L'amore/odio per gli omosessuali potrebbe derivare dalla **miopia manichea** con cui gli uomini guardano il loro stesso corpo!

«Il mio corpo è carne? Si! Lo sto toccando proprio adesso! Ma se è carne, dove sta l'anima?».

«L'anima sta dentro il corpo e il corpo è il vaso dell'anima», facilmente rispondono. Poi continuano: *«Ma l'anima potrebbe essere migliore del corpo che la ospita!».*

«Lo è davvero?».

E fu così che su tutte le anime vigorosamente cattoliche – ma non su quelle atee – grava il dovere di controllare gli ormoni impazziti secreti da un corpo ribelle, cattivo e luciferino *in quanto* incontrollabile fonte di piacere, ricorrendo, se è il caso, pure al medico!

L'esperienza sessuale, in conclusione, appare *esperienza logicamente incomprensibile*: essa è **SIA esperienza *naturale*, SIA esperienza *psicologica***, ovvero sia spiritualità che materialità, dunque condizionabile sia dal fisico che dagli angeli, sia dall'ambiente storico di sviluppo ("personalità") che dallo sviluppo interiore raggiunto ("anima"), sia dai geni che dai genitori! Nel sesso – come in tutte le altre esperienze umane – un'innocente ed autentica dimensione NATURALE resta sempre li, perchè corpo-e-spirito-sono-tutt'uno.

"Essere omosessuali"
non è un concetto ma,
appunto, un essere.
Un essere-nel-corpo.

Quel vostro *«siate pure omosessuali, senza praticarlo!»*, cari docenti cattolici, è un chiaro errore accademico.

E' l'essere umano un essere angelico?

No, benchè sia scritto: *«poco meno degli angeli ci hai fatto»*. Pertanto l'uomo conserva in sè qualcosa di entrambi i mondi, l'angelico e il terrestre! Esso il fiume che unisce le due rive del cielo, materiale ed immateriale.

Se un ateo pensasse: *«Il rapporto sessuale è un fatto naturale e dunque dobbiamo obbedire all'istinto»*, io risponderei: *«Non stai considerando il fatto che l'uomo è un essere spirituale e quindi sovrano!»*.

Se un cattolico pensasse: *«Il rapporto sessuale è un fatto psicologico e dunque si può cambiarne l'orientamento»*, io replicherei: *«Non stai considerando il fatto che l'uomo è un essere della natura e quindi vicolato al fisico!"*.

Ora:

...la natura è demoniaca?

Per molti cattolici rapiti e sconvolti da cose celesti, la risposta a questa domanda è, sinceramente:

«Si!»

Per il cattolicesimo più immediato ed arcaico la natura è tendenzialmente molto molto cattiva, effluvio e prolungamento di quell'Eden originario in cui l'uomo conobbe il peccato originale; piuttosto naturale, in fondo, che i cattolici scorgano ancora in essa "demoni" ad ogni angolo! Purtroppo sfugge loro che **anche questa inclinazione a vedere demoni dappertutto, è uno dei sorprendenti frutti del peccato originale**.

> ...E se a Dio fosse venuta in mente l'assurda idea di mettere in nuce alla natura umana qualcosa di ostinatamente buono, completamente proveniente da Lui ma per la sensibilità comune **non facile da capire nè da accettare?**

E' possibile questo?

Beh, *l'uomo l'ha fatto Dio, che non è un uomo!*

Pertanto, anche il cattolico cominci ad arrendersi all'idea che non può sempre capire tutto – e tutta la sessualità umana.

Certo quel *laissez-faire* tipico dell'ordine economico degli anni '90 e poi del nuovo ordine erotico globale, è male, molto male, ma anche il sesso è amore e lasciamo che non piccoli uomini ma l'Amore stesso generato da Dio prima che il mondo fosse, imperi nella coscienza individuale e, di rimando, in tutta la Chiesa.

XXI
Omosessualità come «tendenza odiata persino dagli stessi omosessuali!»

Gli insicuri sono molti.

L'insicurezza non affligge solo gli eterosessuali, ma anche e soprattutto gli omosessuali.

Ma quando un omosessuale insicuro sta lì a sputarsi addosso perché la sua vita è o è divenuta un fallimento, ecco che spunta allegro da un angolo un prete a dire:

«Ve l'avevo detto!»

Quindi gli omosessuali dovrebbero avere vite e lavori più eccellenti degli altri, perché altrimenti una suora andrà presto nelle strade a parlare di Satana ai futuri omosessuali, con PROVE DI FALLIMENTO alla mano idonee a terrorizzarli tutti e spingerli a consacrarsi senza indugio alla prima vagina/pene complementare (o a castrarsi nobilmente).

Gli omosessuali dovrebbero avere vite affettive assai più riuscite e fedeli delle eterosessuali, perche altrimenti molti frati sorridenti usciranno dai sepolcri a dichiarare solennemente all'ecumene:

«Ve l'avevamo detto!»

«Ascoltate il tradizionale insegnamento di Santa Madre Chiesa sull'omosessualità, e conoscerete il vero amore, non quello fasullo orribilmente testimoniato qui fra voi!»

Ora, però, l'obiezione a simili, tragiche prediche, è facile, perché sotto gli occhi di tutti:

> IL RANDAGISMO SESSUALE È PROPRIO DELLA INTERA CULTURA OCCIDENTALE, NON DI UNA SUA PORZIONE SOLTANTO, ETEROSESSUALE OD OMOSESSUALE!

L'occidente non ha mai inoltrato l'educazione affettiva nelle sue scuole, e pur con centinaia di tali corsi sovvenzionati da tutti i capitalisti filantropi del pianeta, non è detto che la tecnica per acquisire il vero amore entri mai nelle capocce dei sudditi, giacchè lo stesso sistema sussistenziale planetario, basato su forme avariate di scambi e commerci, instilla l'ipocrisia, la menzogna, ed una forma sofisticata di odio con ogni passo adulto in tale società, nelle stesse menti dei piccoli.

Quando la stessa "luce del sole" è debole, nessuno quaggiù vedrà più di un altro!

E il sole malvagio che genera esistenze fallite, non può essere un singolo tratto caratteriale come l'omosessualità o l'eterosessualità, ma qualcosa di più profondo, totale e trasversale. Voi stessi. Voi in particolare cui piace manipolare dati e testimoni per confermare le vostre soffocanti idee sulla Verità.

> L'AMORE TUTTO È DISAGIATO IN QUESTO MONDO, IN QUESTO TEMPO STORICO. FRA ANIME GIUSTE UNA STORIA D'AMORE FUNZIONA SIA CHE ESSE SIANO OMOSESSUALI SIA CHE SIANO ETEROSESSUALI.

E per un omosessuale che hai trovato, caro prete, disposto a sputarsi addosso *in quanto* omosessuale, non sei autorizzato a desumere che tutta la specie dovrebbe sputarsi addosso perché già lui l'ha fatto!

Quell'uomo potrebbe, semplicemente, aver bisogno di più amore e autostima, proprio come tutti gli altri normali *depressi*, feriti dalle difficoltà della vita.

La vita si spacca tra le mani di coloro che praticano tanto l'amore omosessuale, quanto tra le mani di coloro che praticano l'amore eterosessuale, se queste mani sono inesperte.

Se invece quelle mani sono esperte, tranquilli tutti, l'amore, il conforto e la tenerezza non spappoleranno nessuna vita!

XXII
Omosessualità come «estrema sofferenza generabile soltanto dalla presenza di Lucifero»

Il mondo gay è un piccolo mondo.

Mentre per l'eterosessuale è possibile trovare un partner alla posta o al bar, tra una chiaccherata e l'altra, per gli omosessuali l'esperienza del corteggiamento non è solo più rara, ma anche più angosciante.

La riprovazione sociale – e persino un eventuale entusiamo per simili colorate „eccentricità" - costringe l'omosessuale a felpare i suoi passi nel boschetto dell'amore, e a non mostrare cedimento alcuno dinanzi a splendidi esemplari di *homo sapiens sapiens* stagliato sulla via.

Allora l'omosessuale si rifugia in talune "nicchie ecologiche" (pub e discoteche a tema), ma anche qui la probabilità statistica di trovare il **partner della vita** è molto bassa, essendo già bassa nelle discoteche eterosessuali!

Se l'eterosessuale spesse volte diventa un celibe/nubile frustrato a casa con la madre fino alla vecchiaia, l'omosessuale, più di un eterosessuale - per zittire l'ottuso senso di isolamento universale imposto dalla sua natura - deve accontentarsi di esperienze d'incontro ancor più povere ed insignificanti, e firmare molti compromessi.

Questo trasforma la realtà esistenziale gay in *«una vita segnata dalla sofferenza e da una costante forma di'inquietudine»*, persino nel caso di pubblica dichiarazione della propria omosessualità, perchè è proprio tale dichiarazione a privare definitivamente l'omosessuale della agognata, serena "normalità".

Tutta la sfera sentimentale gay è come gettata sotto un cono d'ombra dal quale, nonostante qualunque parata pubblica si faccia, non è possibile uscire! **Nel mondo omosessuale esiste certamente molta più solitudine e tristezza che in quello eterosessuale!**

E‘ la solitudine delle minoranze sociali.

Ed ecco, allora scendono dal Valhalla i cattolici, con la loro proverbiale saggezza.

Ed ecco, il cattolico era lì, pronto a vedere in questa naturale *«una vita segnata dalla sofferenza e da una costante forma di'inquietudine», il segno di satana.*

I cattolici più ferventi vedono nella intrinseca sofferenza tipica della vita di un omosessuale, una "prova" certa del fatto che quella è una *condizione demoniaca*,

Abbagliati dalla bibbia, non ricordano che i neri in Sudafrica negli anni dell'apartheid stavano oggettivamente male, e questo però non significava che Dio avesse maledetto ed abbandonato tutti i negroidi! Semplicemente, la selezione "naturale" stava facendo il suo corso!

Facevano una vita d'inferno anche i primi cristiani al tempo delle persecuzioni. Perciò, **il cattolicesimo dovrebbe lui per primo separare nettamente le cause storiche ed umane del senso di precarietà di una esistenza, da quelle "divine".**

Purtroppo, non finisce di ardimentare qui la sapienza cattolica!

Molti cattolici non riescono a non riconoscere di origine divina pure la malattia che è caratteristica di una sessualità vissuta in maniera sregolata, l'AIDS.

La brutalità di questa "logica inferenza" ha qualcosa in comune con la semplicità con cui, in epoca primitiva, i cavernicoli riconducevano fulmini e tuoni all'ira delle divinità.

Alla cultura cattolica di ala conservatrice non si può opporre con speranza di successo un qualche argomento di tipo razionale, avendo tali opinioni radice nella *"fede in Dio"* che *"punisce gli empi e salva i giusti"*:

«Possa Iddio eternamente Giusto ma ancor più Misericordioso, accogliere lo spirito pentito nelle tue membra giustamente martoriate dall'AIDS, poiché adesso hai compreso che non hai diritto di dare il tuo cuore ad alcuna creatura diversa da quella da me e da Dio prevista.

Pace all'anima tua, omosessuale punito e pentito!

Buona fortuna e da ora innanzi, obbedisci, perchè non ti abbia a capitare di peggio!» (cfr. .

Ma se l'AIDS è la punizione speciale di Dio per gli omosessuali, l'ebola è la punizione di Dio per quale specie di peccatori?

E il raffreddore?

E l'influenza?

E la sclerosi multipla?

E il bimbo autistico?

In base a certa scienza cattolica, ad ognuna di queste malattie dovrebbe corrispondere un immondo peccato. Ma se così è, non sarebbe bene che la Chiesa cattolica rediga pubblico prontuario affinchè i suoi figli non cadano nelle diverse malattie di orgine mistica e non naturale, o, almeno, se proprio non sanno farne a meno, vi si possano preparare al meglio?

XXIII
Omosessualità come «incidente di percorso»

> «[...] Autorevoli psicologi che da anni lavorano in questo settore, possono documentare numerose "guarigioni" di persone gay che – senza alcun tipo di costrizione – hanno iniziato una cura psicanalitica *seria*, e sono completamente usciti dal tunnel di una *personalità incompiuta*[50] (qual è quella omosessuale)».

...Ma mentre non c'è modo di essere incinte soltanto un po', di avere un tumore solo a metà o una schizofrenia solo a tre quarti, con la sessualità è diverso, in quanto **gli "spinaci" possono piacere poco, molto, tantissimo o per niente.** Insieme agli spinaci può piacere anche la rucola, ma non la cicoria.

> Esistono quindi i gay, i bisex e i transex; tra gli eterosessuali, i sessuomani, i frigidi e i morigerati.

Ergo, per alcune persone è più facile "guarire" dall'omosessualità, perché in esse (ad es. bisessuali) il desiderio è meno spiccato, meno intenso e meno imperioso che in un gay puro.

Un bisessuale tendente all'omosessualità potrebbe ritrovarsi un coniuge sessualmente sagace che ne arresta la "deviazione", oppure, al contrario, un coniuge duro e arcigno che ne incoraggia l'evasione; potrebbe avere figli in viaggio nell'adolescenza, causa efficiente di ogni procastinazione; un lavoro di prestigio, o anche solo amici in orante attesa di una "conversione".

Tutte queste circostanze dissuadono la dispersione sessuale del padre o madre segretamente gay, e una predica ben assestata o una serie di "incontri di approfondimento" (terapia psico-analitica[51]), possono "redimere" l'omosessuale/bisex.

Però c'è un però...

...si redimeranno
anche i suoi ormoni?

Per chi non lo sapesse, il pene fa tutto da solo! Io, possessore di pene, lo posso confermare.

Se c'è una ragazza bella fra mille racchie, l'occhio spontaneo la trova e con il cuore rapito e la mente confusa di tal silente contemplazione mai si affanna; come un fascio di fiori tra le braccia sta, ciò che non si conviene fra maschi alti, belli e barbuti... Allora...

...il piacere sessuale
è una mia scelta?

Un rapporto sessuale indotto per semplice, quotidiana rassegnazione o mediante una pillola eccitante o tisana afrodisiaca, sta allo stesso livello di uno completamente **naturale**?

Con quale squinternato criterio si può proporre a una lesbica come me sedotta dalla delicatezza di una rosa, di fare sesso con ciò che il suo corpo e la sua mente non amano e non ritengono bello da vedere né piacevole da annusare?

Come le si può piamente suggerire di godere per qualcosa che attrae più me, dottoressa eccitata in perpetua ricerca di maschi, che lei? E' professionale chiedere a queste persone di vincere il piacere sessuale per una cosa, dirottandolo verso un'altra ritenuta da me più «normale»?

Io lo farei, amo il sublime rigore dell'asceta!

Come sono belle le punizioni auto-inflitte per i peccati del mondo e le logiche cattoliche di espiazione universale!

Ma sono *naturali?*

E' pietoso imporre queste alte procedure mistiche ai miei fratelli laici, comuni credenti fra i quali è così difficile trovarne di nati sotto il cielo della stella eccellente, pronti a rinunciare alla "*carezza perfetta*" (che è quella ricevuta dalla mano selezionata da loro stessi e non dal proprio psichiatra)?

Costoro dovrebbero suicidare la propria sensualità per far del bene a loro stessi, o per non scandalizzare me, eterosessuale?

Diamine, sono io eterosessuale così psicologicamente labile?

Sono psicolabile... incapace di osservare un omosessuale senza diventare a mia volta omosessuale?

Abituato a pensare la donna nella sua funzione "passiva", l'eterosessuale medio (sia occidentale che islamico), probabilmente associa alle dolci curve di Afrodite (e non a Marte) l'intero spirito d'amore, sicché invoca sempre e per chiunque l'arbitrio della **preferenza** in fatto di sesso... («copulare con un maschio o una femmina è una *tua libera scelta*») ma l'amore di un maschio è visibilmente "attivo", e se non c'è un'emozione ancestrale a fondamento, non c'è corso di filosofia e storia o corretta concezione teologica che possa sollevare un pene![52]

Nelle nature larvatamente *bisessuali*, però, ciò è possibile.

Dopotutto, un merluzzo ben cucinato può essere buono e gradevole da mangiare anche se non mi è mai piaciuto il merluzzo, tuttavia, non sarà mai come la carne di cinghiale, che io divoro nella più splendida allegria! Domanda: quale moglie si accontenterà dell'*amore claudicante* di un marito semi-eterosessuale ovvero bisex?

Se santo[53] l'omosessuale ha da essere, un altro portento di santità dovrà accompagnarlo!

Costei/costui dovrà accettare di tutto cuore l'ambivalenza sessuale del marito/moglie, e stimolarne continuamente una deriva, arrestare per tempo l'una ed incentivare l'altra, allontanare un rischio e favorire un destino come nessun'altro semplice partner del mondo avrà da fare!

Che croce!

Allora sarà bene ricorrere alla *Potente Signora dell'Umanità* mediante rosari a raffica, messe e continue aspersioni di acqua benedetta, poichè un cattolico conservatore che si scopre tragicamente coniugato ad uno di codesti "scherzi di Satana", chiederà alla *Donna vestita di sole* un triplice miracolo:

1. Contro la **natura** più intima del partner: «frenala tu *Regina della Terra!»*.
2. Contro la **personalità** del partner: «correggila tu *Regina del Cielo!»*.
3. Contro il **caso**. Un santo è difficile produrlo, tanto più due, e dopo averli trovati, tanto più difficile sarà unirli e farli rimanere insieme! «*Pensaci tu Signora del Mondo!»*.

Un bravo sacerdote chiederà a Dio codesto miracolo al cubo per 1 persona su 1.000 (approssimando per eccesso le statistiche di emersione degli omosessuali "puri"), quindi in una città media di 500.000 abitanti, la Chiesa chiederà d'ufficio 500 volte quel che Mosè riuscì a ottenere da Dio una sola volta nella storia del mondo (la divisione fisica del mar rosso).

Buona Fortuna!

XXIV
Omosessualità come «Scelta Personale di un'anima cattiva»

Se l'omosessualità è una scelta, scegli di amarmi!

Ma non a parole!

Non hai pietà di me che mai fui amato da alcuno come tu invece fosti amato da tua moglie: visceralmente?

Non hai misericordia di me che mai fui amato come Rossella Ohara fu amata dal capitano Butler?

Tu, che hai in te stesso il potere della SCELTA di chi amare, amami!

Almeno una volta, per pochi minuti,
scegli di essere gay e amami come
nessuno mai volle amarmi!

Quale crudeltà infinita è la tua, pietoso cattolico.

Solo 5 minuti, oh pietoso cattolico!

Mi chiedesti di diventare etero ed amare donne in onore di Dio. Ma io debole e peccatore non ci riuscii. Ora io elemosino a te, uomo forte e santo, di diventare omosessuale. Per l'amor di Dio, fallo e placa solo per qualche istante la mia viscerale sete di virile d'amore!

Scegli chi amare.
Amami tu!

E vedi, voglio vedere i tuoi occhi bruciare di passione per me.

Non mentirmi: le tue carezze devono aderire del tutto al mio viso. Non fuggire. Perchè di queste cose è fatto il vero amorequesto

No non ti sto chiedendo di fare sesso con me, ma di amarmi nella castità come vorresti che altri omosessuali mi amino sulla via. Ma, vedi, la mia via è deserta!

Scegli chi amare.
Amami tu!

<u>Se l'omosessualità è una scelta psicologica, lo è anche la eterosessualità</u>, logicamente. Quindi oh devoto cristiano scegli chi amare secondo carità, ovvero secondo i bisogni degli affamati e degli assetati d'amore che incontri per strada, senza badare a cosa tengono fra le mutande!

Ed ecco, se con un miserabile che striscia ai tuoi piedi non riesci a fare questo pur pieno della carità dello Spirito Santo, poniti qualche domanda!

Forse la NATURA posta nell'uomo – il suo genoma, inclina, stabilisce, vincola e limita pure le forme d'amore cui il suo cuore con tutto il suo essere è destinato?

Ma se così è, *la costruzione, anche epigenetica, del genoma, può mai essere peccato? E' mai veramente soggetta alla libera opzione psicologica?*

Approfondiamo questo punto.

Al cattolico che dichiara:

> «...non esiste alcun "gene dell'omosessualità" che costringa una persona a essere tale. Possono esservi invece **condizioni innate** che rendono più facile lo scivolamento verso l'omosessualità. Ma l'essere gay resta un fenomeno prettamente psicologico, poiché innumerevoli studi hanno ormai dimostrato che l'orientamento omosessuale **è legato a una serie complessa di fatti** accaduti alla persona durante l'infanzia e l'adolescenza».

...è possibile replicare:

> «...se le emorroidi sono predisposizioni genetiche NON DETERMINANTI perché non esiste alcun "gene delle emorroidi", è colpa mia quando queste predisposizioni diventano malattie determinate?»

Potevo stare attento a cosa mangiare, ma potevo anche non starci attento (non sapevo di questa mia predisposizione genetica). E se per le emorroidi non c'è vera *colpa o imprudenza personale* (se non quella di non sottoporsi preventivamente ad una accurata *mappatura genetica),* non ci può essere neppure *peccato!*

Ora, il catechismo della Chiesa cattolica al capitolo *"Peccato Mortale",* parla proprio del «pieno avviso e completa libertà» di colui il quale, **scegliendo male, merita il marchio della Bestia** e le eterne pene dell'inferno.

Ma una malattia che diventa conclamata per questo o quel motivo ESTERIORE (ambientale, epigenetico, infantile), non è una *scelta* (intima e personale!) del "malato".[54]

> Potevo avere una mamma che mi faceva sempre pane e minestra, e potevo anche non averla. Ma una volta avuta, che fare? Picchiarla? Picchiarmi per quanto fui stolto a pranzare ogni giorno con lei?

Ormai il pene ha imparato ad "alzarsi" per un certo motivo... e questa non è una scelta di colui che possiede il pene!

La *Storia* ha deciso così!

Dio guida la storia dell'uomo,
di ogni uomo?

Dio è giusto?

Certo, la vita su questo mondo non è perfetta, ma perfettibile, può sempre migliorare! Ma allorquando le vecchie abitudini alimentari apprese con la mamma rimangano pur andando a vivere, in età adulta, per conto proprio, è bene tuffarsi frequentemente nel passato in cerca del responsabile (la madre - o il padre) per incendiarlo onde riportare in superficie l'antica città sepolta e purificarla in un diluvio di lacrime?

Quando si scopre che si è sbagliato corso di studi o che l'attuale lavoro non è proprio la cosa migliore che poteva capitarci, ci si dovrebbe flagellare fino a tarda età?

Invece, l'individuo normale si mostra più semplice e **pragmatico** di un fervente cattolico: si fa qualche calcolo e decide se continuare a lavorare nell'azienda di famiglia, nella città originaria, o cambiare aria.

Di solito, se possibile, cambia aria.

Ma in ogni caso difficilmente paventa "demoni" alle calcagna, maledizioni divine o misteriosi squilibri cosmici originari da riequilibrare con qualche arte occulta; semplicemente, vive. Ha vissuto. La vita è andata così.

L'ateo, da questo punto di vista, è più umile ed intelligente di un islamo-cattolico: aveva già messo in conto per una quantità sterminata di caratteristiche psicologiche umane e dati naturali, che «*condizioni innate*» e «*serie complessa di fatti*» si sarebbero intrecciate per dare vita a un "prodotto" assolutamente unico ed originale, non del tutto buono, santo, pio e cattolicamente desiderabile: l'io.[55]

L'ateo, ahimè, e non l'individuo religioso accetta e capisce più in fretta che non si esce dalla propria *storia personale* con qualche abbacinante seduta d'analisi, invocazione o preghiera, come nessuna cultura e nessuno scienziato possono uscire dal raziofascismo[56] una volta che ne siano stati infetti; l'unica epurazione possibile – come diceva Thomas Kuhn a proposito dei **paradigmi** già formati, pasciuti e invecchiati – è la «morte dell'organismo» (sociale).

> Ormai la vagina, fin dall'adolescenza ed anche prima di essa, ha imparato a "bagnarsi" in risposta a una peculiare serie di stimoli psico-fisici... ma questa non è una scelta intellettuale di colei che possiede la vagina!

Quando ***una debolezza storica è diventata debolezza di natura e viceversa***, l'unica cosa che resta da fare, è quella di Gesù Cristo: entrare nella infima materia ed amare. Tutto.

XXV

Omosessualità come «Vocazione alla Castità»

Il cattolicesimo del magistero cattolico del XXI secolo, tollera l'omosessualità mentale, ma non quella reale.

Fortunatamente non è totalmente cieco, e sa che un omosessuale che non può praticare l'omosessualità, si risolve prima o poi a diventare un'anima casta, giacchè non trova l'eterosessualità eccitante (infatti è un omosessuale), e resterà solo.

A me piacciono molto le anime caste.

Adoro il loro spirito di chiusura alle turpitudini del mondo, che le rende così simili agli angeli, terreno così fertile per i semi ed il Seme di Dio!

"*Chi mai potrebbe rifiutare un simile destino, una simile elezione?*" mi domando. Eppure uno smidollato del genere l'ho trovato!

Stava un mattino su canale5, a parlare su Forum della sua posizione ibrida di cattolico praticante, uomo avvenente, manager di successo e... gay impenitente! Una prominente sensualità gay gli impediva di eseguire il consiglio del suo prete di fiducia, cioè quello di chiudere con i rapporti omosessuali e di darsi alla **Santa Castità** di vita, e così sostituì quel prete con un altro, più conciliante.

Ma fellone era e fellone rimarrà,
per il primo come per il secondo,
finché «peccato» per papa e per tutti
sarà!

Anche se il rapporto affettivo omosessuale risultasse giusto e *fedele come non mai*, il rapporto resterebbe di natura *omosessuale,* quindi, per il magistero cattolico, «intrinsecamente *depravato»!*

Perchè usate scorciatoie,
quando avete in mente questo preciso
spettro di parole?

Nonostante l'apertura di molti preti sul tema, per il magistero cattolico l'amore omosessuale è e resta una «eresia», un «inganno satanico», una «squallida impudicizia». Da perdonare certo, da comprendere, da compatire, da indulgenziare abbondantemente... ma pur sempre, per il santo diritto di Santa Madre Chiesa, peccato & reato! E lo chiamerà *«amore sporco», «amore finto», «amore malato».*

Ma non viene mai descritto precisamente in questi termini il rapporto sessuale di un uomo con una donna di passaggio nella sua casa, che al confessionale viene compreso e perdonato prontamente come «peccato naturale», «comprensibile debolezza» *in vista del matrimonio* cui ogni essere umano, per decreto divino, tende.

> Come possono i preti avere certezza che dentro una coppia omosessuale non ci sia amore degno e bisognoso della **benedizione di Dio?**

Questo è molto triste. Ciò facendo la Chiesa prende le distanze da alcune esperienze d'amore, che dovranno *fare da se stesse.*

A queste condizioni, l'omosessuale che vuole rimanere come tralcio vivo dentro la Chiesa – cibandosi ogni giorno del corpo di Cristo – dovrà o rompere il fidanzamento col suo compagno pervertito come lui, oppure confessare ogni giorno la sua colpa (quella di amare il fidanzato), ciò che non è costretto a fare nessun marito o moglie i quali – grazie al sacramento matrimoniale – qualche ora dopo una grassa copula possono benissimo sbarcare a messa, fare la comunione e ricevere pure le lodi del prete!

La castità, alle condizioni di questa stranissima cultura cattolica, non è una SCELTA LIBERA dell'omosessuale, ma una IMPOSIZIONE "NATURALE".

Dovere di nascita.

In quanto tale, dal punto di vista semantico non possiamo chiamarla propriamente «*virtù*», essendo più autenticamente descritta dal termine «*rassegnazione*»*!*

La virtù è una unzione d'amore
consegnata a Dio con ogni convinzione

Ora, mantenersi casti è un'operazione che non esige solo una semplice *scelta*, ma anche *eroismo*, giorno dopo giorno - eroismo che non può essere sostenuto da una opzione superficiale e di compromesso, ma da una passione fondata non già bene, bensì benissimo.

Infatti, il manager di successo di cui sopra, rise, e ricordando la conversazione con quel prete, disse:

«Io casto a vita?
Ahahaha per favore!
Dio ce ne liberi!»

Era dunque soltanto un uomo.

Ma come omosessuale, secondo la Chiesa, non era vocato dall'eternità all'angelica purezza dei sensi? Come mai adesso sembrava non capire una sillaba di quel meraviglioso linguaggio angelico? Quelle erano le parole e i motteggi di uno con *La Vocazione?*

Se un omosessuale in fondo in fondo al suo cuore desidera trovare il suo senso esistenziale nell'Unione Sponsale – come è concesso a qualsiasi altra creatura terrestre – e non nell'Unione Mistica con il Divino – come è concesso a pochissime creature terrestri con una vocazione interiore assai specifica – quale energia troverà in sé per pronuniare quella parola, quella virtù, la sua personale, totale consacrazione all'angelo della castità?

Altissimo certo è il suo destino, la sua vocazione lo chiama a prender parte alle stelle del cielo, a sedere tra gli angeli e i cherubini – accanto Sant'Agnese la vergine bambina e Sant'Agata la martire divina – ma non sentendo nel proprio intimo amore sincero per la virtù della castità **impostagli dalla Chiesa tramite un arguto ragionamento**, molto probabilmente quell'omosessuale diverrà non solo ligio cattolico mediocre e confuso, ma, infine, pure solo.

A questo insolito, drammatico destino il manager cattolico in onda su canale5 quel giorno di primavera si oppose fermamente e concluse per tutti noi dicendo:

«No, spero vivamente che il Signore
sia più maturo e intelligente
dei suoi preti».

XXVI
Omosessualità come «espressione di un Ego senza amor proprio né dignità»

Una società centrata sulla famiglia e su una figura familiare forte, il padre, piuttosto che sulla madre, non può non sminuire almeno 2 categorie di persone: la femmina e il mezzo-maschio, cioè l'omosessuale.[57]

Dopo una prima fase aristotelica in cui la donna non era un *«essere completo»* – ed una fase di mezzo in cui era fisiologicamente completa ma *«senza anima»* (S. Tommaso D'Aquino) – la parola "malattia" potrebbe ora venire a designare tutte quelle situazioni personali o sociali in cui la mascolinità si ritrae più o meno scientemente da un particolare corpo o contesto per lasciare spazio alla libera espressione della *femminilità*, *debolezza* per antonomasia. Certo creativa, dolce, nutriente, ma tutto sommato inutile, impotente.

Nascono così gli infelici, quelli che non trovando **soldi** e **potere** nella società – o non volendo conformarsi alle logiche, virili procedure standard di predominio sociale – sono compianti da tutti come falliti.

E nascono così anche gli omosessuali come "malati" *perché evidentemente folli:* quale uomo rinuncerebbe allo **scettro**, al **dominio**, al **potere**, per cederlo ad un altro maschio, suo eterno rivale?

«Soltanto un cretino
senza un briciolo di amor proprio

farebbe questo!»

«E allora non chiamiamolo *cretino*, chiamiamolo *pervertito*, perchè anche un cretino è più ragionevole di lui!».

Le lesbiche compaiono meno nel mirino di un vate occidentale, e sembrano "meno malate" in quanto per lo più gradite ai maschi che trovano dolce e incolpevole l'amore saffico[58], ed una donna, per quanto lesbica, rimane pur sempre una *femmina*, ovvero un buon utero fecondabile *anche senza il suo pieno consenso.*

Non così per il maschio, che se copula con maschi e mai con le femmine... mette a repentaglio la perpetuazione della specie!

Su questa apocalittica invasione di «checche» e l'estinzione del genere umano a mezzo delle checche, si conclude il processo popolare contro l'innocenza e la bellezza dell'amore gay.

Poi inizia l'epopea scientifica:

> L' O.M.S dichiara negli anni '90 che «*l'omosessualità non è una malattia*». La scienza abbandona – tra le urla, il pianto e i fischi del clero islamo-cattolico – la concezione eterocentrica della verità, una volta verificato quanto 2 maschi che si sbaciucchiano, non stiano affatto soffrendo.

E la controepopea.

Dichiara un cattolico istruito:

> «La gente non sa un fatto clamoroso: i tre grandi pionieri della psichiatria – Freud, Jung e Adler – consideravano l'omosessualità come una patologia».

Quest'uomo sicuramente ignora un fatto altrettanto clamoroso, e cioè che basta andare da qualsiasi dottore a dirgli: *«sono gay, mi curi»* per sentirsi rispondere: *«da quale malattia? Invece, caro mio, facciamo una terapia di anni e anni affinchè tu possa accettare e vivere fino in fondo la tua omosessualità - nell'opportuno ordine e serenità - contro una società chiusa e un pò bigotta».* Freud, Jung e Adler sono infatti personaggi dell'Ottocento:

> *Se ritieni valida la scienza dell'Ottocento, fatti curare coi celeberrimi salassi ottocenteschi la prossima volta che ti ammali!*[59]

Molti "soldati della Verità", consapevoli che la bibbia non fornisce (o non può fornire) tutte le risposte, corrono ad indossare la scintillante divisa della scienza per darsi o dare autorevolezza alle proprie posizioni, ma su questo punto, purtroppo per loro, la scienza li ha ormai definitivamente abbandonati.

La scienza contemporanea ha respinto sia la tesi della omosessualità come malattia *organica*, sia la tesi della omosessualità come malattia *psicologica*, sia la tesi della omosessualità come malattia *psichiatrica*. Quindi, ad esempio l'omosessualità maschile, non è un tentativo sadomasochista di umiliare e ferire la propria preziosissima virilità, ma di metterla a servizio completo non già di una femmina, ma di un altro maschio.

Dio non cede ai figli sovrano diritto di scegliere a chi dare il proprio bene, cuore e corpo? Se togliesse loro questo diritto, sarebbero comunque *«re, sacerdoti e profeti»?*

Un maschio deve per forza inimicarsi, competere o ferire un altro maschio?

Cari preti, vescovi e cardinali,
credete nella scienza, o le credete
solo nei passaggi che più vi piacciono?

XXVII
Omosessualità come «peccato "solo se praticato"»

Alla luce degli influssi della modernità sul clero cattolico – esercitato tale influsso da commoventi saghe televisive, film e telefilm ove due omosessuali preferiscono vivere mano nella mano in uno shuttle piuttosto che rinunciare al proprio amore illecito sulla terra – i teologi della Chiesa cattolica hanno mandato in orbita un particolare scudo difensivo, che argomenta così:

> *«Noi della Chiesa cattolica accettiamo e rispettiamo gli omosessuali con ogni riguardo, perchè la Chiesa tende sempre la mano ai deboli e agli indifesi - "essa Ama" - ma condanniamo con assoluto rigore la* ***pratica dell'omosessualità****, e desideriamo che anche la nostra posizione sia rispettata!».*

Così il magistero vaticano ha confezionato per i media2000 e per i credenti un pò brilli, una specialissima arringa anti-omosessuale, che altro non è che un aggiornamento della vetusta formula contenuta niente poco di meno che nei diari medievali di Santa Caterina da Siena – poi riassorbita dal catechismo della Chiesa cattolica.

«Dio odia il peccato,
ma non il peccatore!»

E così, Dio odia che si dicano bugie, ma non detesta affatto i bugiardi.

Dio odia il tradimento, ma non i traditori.

Dio odia l'odio e le guerre, ma non odia chi odia e chi fa le guerre che – perdonando – inizia all'Amore.

La Chiesa ammette e perdona l'essere omosessuale, ma perseguita con tutto il suo interiore disgusto e totale, mistica disapprovazione, ogni avvallatore ed esecutore di ATTI omosessuali, che perciò – se logica non perdona – sono assimilabili a ladrocinii, stupri e omicidi:

> «Dio odia la pedofilia e l'omicidio, ma non respingerà giammai i pedofili e gli omicidi, che la larga porta della Misericordia in eterno invita».

Dio, dunque, *odia l'omosessualità, ma non l'omosessuale!*

E così per l'islamo-cattolico un omosessuale tiene dentro di sè un modello di comportamento socialmente, spiritualmente e teologicamente ripugnante, un *errore* della natura e l'eventuale amore e la tenerezza che un maschietto omosessuale riserverebbe la sera al suo compagno, sono soltanto biasimevoli *giochi* e *vizi* che sarebbe meglio sostituire con **pratiche totalmente più sane: accarezzare femmine**! Tenere fra le proprie, mani femminili, leggere, curate e smaltate; lodare ed esaltare seni e reggiseni! *«Questa è la vera vita!»* ricorderà il giusto maschio cattolico, posseduto da santo fervore apostolico, al cattivo fratello omosessuale.

> «Ma se tu provi queste cose dentro di te, senza esprimerle mai davvero, benchè omosessuale sarai sempre perdonato da nostra santa Madre Chiesa. Perchè **un ladro è colpevole quando ruba, non quando avverte l'istinto di rubare!** Non sei contento della profonda misericordia e sublime larghezza di vedute di nostra santa Madre Chiesa?».

> «Si, sono contento, ma tu, oh mio caro fratello eterosessuale, quando ammiri una bella ragazza per strada, ti senti un *pervertito satanico?*».

Logicamente, NO.

Mai.

E' veramente strano, ridicolo, umiliante dover spiegare tali stratosferiche ovvietà ad ADULTI CATTOLICI COLTI E ANZIANI, INTELLIGENTI E FAMOSI: l'omosessuale si oppone alla cattolica visione eterocentrica della sessualità, perché il senso di ammirazione che un eterosessuale prova al passaggio di una bellezza per strada NON E' NE' SPORCO NE' DEMONIACO (esso è indicato dal magistero come *«puro e naturale»*), mentre il senso di ammirazione che un omosessuale prova al passaggio di una bellezza per strada è da voi esplicitamente ed orribilmente indicato come SPORCO E DEMONIACO.

Avete capito?

Non ci interessa la "misericordia" simile ad *elemosina* che ci fate quando dite *«un ladro è colpevole quando ruba, non quando avverte l'istinto di rubare»*, *«Dio odia il peccato,*

ma non il peccatore!», *«potete essere omosessuali, basta che non pratichiate!»*. Se ravvisate il seme della sporcizia e dell'inferno nel nostro stesso cuore allorquando ammirando una bellezza per strada, esso comincia a trasudare amore per tal oggetto d'amore, creato da Dio, ebbene voi sputate in faccia al nostro spirito, quello che sta in fondo al nostro cuore ad orientarne i moti profondi. Il vostro disgusto per noi, benchè mascherato con suadenti dottrine, è in realtà profondo e totale, ed il nostro allontanamente da voi sarà altrettanto certo, profondo e totale.

Avete capito,
stavolta?

La **sessualità** è per certi versi anche **amore**, e *se vedete come cosa satanica certa sessualità, giudicate come cosa satanica anche certo amore! Quindi certo cuore.* E questo si che è un peccato contro "lo spirito" di un omosessuale dal quale non riceverete perdono in eterno.

Perciò la Chiesa non deve *sopportare* gli omosessuali: deve *integrarli* come umanità ed insieme di coppie che NON hanno gli istinti, il carattere e le abitudini di una prostituta, di un pedofilo e di un oblato di Satana!

«Oh Piero, io ti amo! Perchè non vuoi credere al mio grande amore per te, e perché non vuoi amarmi!??»

Piero: «Perchè il clero mi informa che il tuo non è vero amore, e mi assicura che quello che io provo per te non è vero amore!».

Cari intellettuali e fratelli cattolici, quella intraprendente riedizione dell'intelligenza cateriniana: *«un ladro è colpevole quando ruba, non quando avverte l'istinto di rubare!»*, *«Dio odia il peccato, non il peccatore!»*, suona come atto di depistaggio dal vero cuore del problema, che è il seguente:

Quale atto ***concretamente*** *malvagio commette una donna, consacrando tutta se stessa (quindi anche il proprio corpo) a un'altra donna?*

Quale atto **concretamente** malvagio commette un uomo, consacrando tutto se stesso (quindi anche il proprio corpo) a un altro uomo?

XXVIII
Omosessualità come «inclinazione vergognosa persino per gli stessi omosessuali»

«Se siete orgogliosi di quello che fate,
perchè vi nascondete?»

Ogni acuto fedele del Magistero osserva che gli stessi omosessuali si autodiscriminano, esiliandosi dalla società pubblica e confinandosi presso locali, ghetti e strade di dubbia valenza ricreativa.

Ma bando all'ipocrisia, alla stupidità, e ai martirologi facili: anche io mi "ghettizzerei" presso taluni bungalow sotterranei se non potessi tenere per mano mia moglie quando passeggio per le strade; se non potessi scambiare una tenerezza con lei mentre siamo al ristorante senza *sentirmi tutti gli occhi puntati addosso*.

Immaginate di dover presentare il vostro amore sempre e soltanto come il «migliore amico» o una «grande amica», a parenti ed amici, vicini e conoscenti, per mesi, anni, per una vita intera.

Non lo trovereste insopportabile?

Come si fa a sapere cosa frulla
nella testa della gente?

Neppure fratelli e genitori, quando si parla di sesso, garantiscono la reazione umana prevista, semplicemente perchè la sessualità è un mondo simile ad una fresca palude ed in questo mondo paludoso *ogni nudità è un mostro imprevedibile*.

Quindi, il fatto che gli omosessuali stessi preferiscano ritrarsi in disparte dal mondo, in bar, pub, discoteche, circuiti noti e riservati solo a loro – simili a una congrega di vampiri nella notte – non è una dichiarazione indiretta della loro malvagità interna, ma un segnale della ancora molta malvagità esterna, che toccherà agli omo-guerrieri più sicuri di se stessi disperdere all'alba come lame di sole crepuscolare.

XXIX
Omosessualità come «nucleo genitoriale pari a quello omosessuale»

Molte coppie omosessuali oggi parlano di «principio di uguaglianza» e quindi la «uguaglianza di diritti», per negare infine alcune differenze oggettivamente esistenti tra le coppie omosessuali, e le coppie eterosessuali.

Se è vero che i bambini naturalmente sono "prodotti" meno filosofici degli adulti – e quindi intellettualmente più "morbidi" ed adattabili – è altrettanto vero che manipolare i bambini o fare in modo che si adattino fin dalla culla a talune logiche adulte, è male.

Ora la "contaminazione" è inevitabile; ciò che dobbiamo scegliere come società matura, è fra una contaminazione che procede dallo Stato (capillarmente, su tutti i bambini dell'orbe terraneo ad opera del City System e della sua scuola-TV), ed una contaminazione che procede ad opera dei singoli genitori-nonni, per scelta, cultura o tradizione familiare.

Di quale "contaminazione"
stai parlando?

Le "contaminazioni" che può subire un bambino ad opera dagli adulti sono molte ed invisibili. Dal modo di intendere il mondo, il sole, la vita, il dna o la natura, al modo di intendere o vivere il rapporto coi fratelli e gli estranei, passando dal modo di intendere l'arte, la bellezza, la serenità, la casa stessa.

L'idea che qui si vuol suggerire, è quella di non arrendersi giammai al City System: le "battute" familiari (brevi parole di ammirazione, correzione o dispregio, ripetute), la piccola vita in casa, benchè non siano seducenti e formative come quelle che filtrano dalla scuola-Tv e dallo smarthphone nelle mani, sul bambino conservano ancora un certo potere in virtù della di lui **debolezza strutturale**[60], quindi, fino ai 10 anni circa il genitore può e deve avere il coraggio, se lo ritiene opportuno, di opporsi nettamente alle visioni del City System, e comunicare le sue proprie senza sosta al figlio, dialogare molto con lui e ad ogni occasione, pure inopportuna, con la sua propria intelligenza, con le proprie parole e la propria sensibilità, persino "anti-sociale"!

Fatelo, solo per 10 anni!

Perchè a 20 o 60 non vi ascolterà più!

In questa maniera la performante, tirannica assolutezza del City System potrà essere se non battuta, almeno frammentata, indebolita in base alla forza o nobiltà intrinseca dei vari ceppi familiari, sicuri di se stessi.

E' più bello infatti – meno inquietante – attraversare il mondo e scoprire persone che, nel reciproco rispetto, la pensano diversamente sulla omo-genitorialità, la transessualità e l'omosessualità, che camminare e trovarle come invisibilmente uscite da un enorme stampino comune.

XXX
Omosessualità come «conseguenza di un crudele celibato»

Qualcuno, ancora, sempre e molto scioccamente, ritiene che si possa diventare omosessuali a seguito di «mancati sbocchi sessuali» in carcere come in seminario.

Per costoro, ancora molto sciocchi, basterebbe assegnare una moglia ad ogni prete – e una prostituta ad ogni carcerato – per dissolvere onorevolmente ogni loro omosessualità, interna (latente) od esterna (già manifesta).

Ma ecco servita qui la verità.

La verità è che anche solo *pensarsi* omosessuali è per i più qualcosa di *tragico*, di nettamente pauroso, talmente tanto *conturbante*, psichicamente *inaccettabile* – verminaio inesauribile di oscure domande inconsce – che soltanto un terribile sciocco praticherebbe l'omosessualità soltanto perché *«non ho trovato "alternative"»*.

Il più delle volte è una *scelta*, persino in carcere.

Certo, in quel contesto una scelta viziata dalla rivalità "eterna" fra maschi (o fra donne) costipati in abitacoli troppo piccoli e tristi, ma pur sempre fonte di travaglio interiore e continui ripensamenti intorno se stessi e la propria natura, l'amore omosessuale per costoro sarà. Nessuno sano di mente accarezza mai questo "mostrum" soltanto per gioco, noia o divertimento! Se vi cede, il motivo è ben altro e ben distinto dal candido piacere sessuale negato dalla moglie o da una qualsiasi prostituta.

...anche soltanto in una microscopica parte di te!

Prima del delirio omosessualista della società occidentale 2024, l'educazione scolastica e familiare impedivano di riconoscere questa sfumatura naturale e di accettarla come mera possibilità nel misterioso vasto mare interno della propria sessualità (non manifesta), oggi sicuramente meno, ma certi "comandamenti" sono scritti nel cuore dell'uomo, la società non riesce mai a riassorbire completamente in sé tutti, e così in taluni casi intorno l'omosessualità al singolo resta sovente un "divieto" interiore per oltrepassare il quale serve una dose non comune di autenticità, desiderio, passione.

Terminiamo pure qui l'idea che se ti fai omosessuale, è perché sei in seminario (o in carcere), e che il seminario o il carcere abbiano il potere di attivare, creare o incrementare omosessualità. Non abbandonarti più a simili stupidaggini, ti prego! La causa dell'omosessualità è precedente. Radica nel soma e nell'infanzia come ogni altro moto caratteriale di sottofondo.

Esistono però certamente partner sessuali (mariti o mogli) la cui frequenza nel tempo scolpisce a fondo, arrestando visibilmente o incrementando presso il consorte una precisa identità maschile/femminile attraverso l'esercizio sessuale, felice o infelice. Da questo punto di vista la solitudine potrebbe ad alcuni uomini fare molto male, ma ad altri molto bene. Non essendoci una regola valida per tutti, si potrebbe pensare ad un *Rito d'Unione*, stavolta per i preti.

Sappiamo che Gesù non si maritò mai, tuttavia anche lui ebbe una "sposa". Sua Madre!

La Chiesa.

Al «novello Adamo» toccò dunque in sorte una novella Eva: la Santa Madre-Chiesa: Maria!

Dove Lui non sarebbe arrivato, sarebbe comunque giunto attraverso le dolci mani di questa magnifica Donna, la cui carne ci fu un tempo in cui fu una con la Sua.

Allora, perché non dare delle "mogli" anche ai sacerdoti – donne conformi al Cristo e dal Cristo stesse scelte secondo vocazione per essere attive immagini della Chiesa al divino fianco del maestro – attraverso un **rito d'unione** che leghi a doppio filo il destino dell'uno e dell'altra? Se se ne perde uno, sarà ritenuto responsabile davanti a Dio l'altro!

La "perpetua"
Una antica, giusta figura

Un tempo molti sacerdoti tenevano in casa una «perpetua» che spesso era anche "la serva" che a messa accompagnava i canti, spazzava per terra e sistemava i fiori. Ma la cosa era confusa ed il rapporto poco "liturgicamente intelleggibile", ambiguo. Tuttavia la Scrittura offre certamente un'occasione:

> Lc 19:26 - Gesù allora, vedendo la madre e lì accanto a lei il discepolo che egli amava, disse alla madre: *«Donna, ecco tuo figlio!»*. 27 Poi disse al discepolo: *«Ecco tua madre!»*. E **da quel momento il discepolo la prese nella sua casa.**

A causa di queste parole è dunque possibile per il sacerdote elevare uno ed un solo particolarissimo "sposalizio" spirituale dinanzi a tutti gli altri, non carnale nè "perfetto" o "naturale" come quello di Adamo ed Eva, tuttavia ugualmente pieno di amore e unione intima con lo Spirito Santo, senza bisogno di alcun commercio di corpi e sensi ma con tanto di casa come perno fisico della "famiglia".

Un sacerdote sa bene che *la parola di Dio Crea!*

E *mediante il Rito, si è creata una nuova realtà fra i due, per i due e nei due.* Agli occhi di Dio e della coscienza personale, un atto sessuale fra prete e perpetua sarebbe "incesto". Ne subiranno tutte le conseguenze qualora non dovessero attenervisi; nel levitico si impone di bruciare nel fuoco mentre dormono i consanguinei che giacciono nello stesso letto; questo ovviamente non è da prendersi alla lettera, ma nell'aldilà ho idea che ciò, soprattutto in questo caso, troverà la più esatta esecuzione.

Ecco, abbiamo trovato pure ai preti un ruolo attivo nel *"Regno dell'Amore Diadico"* dentro la Chiesa: dovranno portarlo a perfezione, nella preghiera, come perfetto fu quello di Gesù e di Maria e come i coniugi adamitici spesso si dimenticano di fare. Si viene così a creare un arricchimento, una tensione polare tra due modelli di famiglia, simili ma non identici:

- Adamo & Eva (modello più naturale che sovrannaturale)
- Gesù & Maria (modello più sovrannaturale che naturale)

...e taluni sacerdoti guideranno il primo incarnando il secondo, laddove le coppie laiche partono dal primo per arrivare al secondo.

Et voilà, non si aveva pietà di questi unti del Signore che alla fin fine si ritrovano sempre soli, privi di assistenza materiale e spirituale e dunque esposti al vizio e alla caduta, perchè privi di cure ed affetto? Ora avranno anche loro una "compagna" (nel calvario, sotto la croce) responsabile davanti al vescovo dell'integrità e della salute del "figlio", e tale compagna sarà per loro una riproposizione non già e non più di Eva, ma di Maria! Le carezze che riceveranno da queste, saranno *Carezze Materne,* e gli abbracci puliti ed eventualmente abbondanti come quelli di una madre per il figlio in difficoltà.

Non si rimproverava ai sacerdoti cattolici il fatto di non poter consigliare famiglie e familiari, perchè senza moglie e senza famiglia? Ora anch'essi avranno dei "figli"!

I figli di "Gesù & Maria" sono i figli di Dio!

Poveri, accattoni e disoccupati, che la novella coppia accoglierà in casa propria, conformemente alla disponibilità del nucleo parrocchiale loro assegnato.

XXXI
Omosessualità come «fonte di musica razionale»

Un cuore innamorato canta.

Cerchiamo quindi di immaginare come potrebbero essere le canzoni di un omosessuale innamorato.

Prendiamo, a titolo di esempio, le canzoni di Gianna Nannini e la sua *'Meravigliosa Creatura'* (meglio in versione acustica).

La meravigliosa creatura di Gianna Nannini è percepita naturalmente dall'amante come meravigliosa, dunque ne canta le lodi...

...MA NON DOVREBBE!

Se Gianna Nannini fosse stata genuinamente cattolica, si sarebbe crocifissa per quest'amore suo illecito naturale, e sposandosi con un maschio, avrebbe poi cantato le lodi di questo maschio.

Tuttavia, lo sappiamo, una lesbica non apprezza profondamente i tratti caratteristici della virilità umana, quindi i baffi, il sudore maschile sparso sul petto villoso, la rudezza dei modi e l'indelicatezza di mani possenti.

Tutte queste cose, dal punto di vista naturale di una lesbica, creano disagio e sono una tortura psicologica... persino VIOLENZA ogni notte nel suo letto, accanto al proprio corpo femminile che cerca di appaiarsi a fiori simili e non a mattoni da carpenteria!

Pertanto è molto verosimile credere che una Gianna Nannini che in nome di Dio si castra-ma-non-del-tutto sposando un brav'uomo dal quale ottenere miracolosi pargoli, non avrebbe generato certi capolavori musicali, o non proprio come quelli che in effetti generò. Ma di altra specie.

L'artista in effetti sempre artista rimane, anche quando soffre con un rumoroso caterpillar per casa anziché con una dolce silfide alzatasi con lei dal letto ogni mattina.

Soffrendo di più, avrebbe creato di più e meglio?

Allora non una *'Meravigliosa Creatura'* avrebbe generato, ma meravigliosissima.

Non solo.

Una tale creatura autocrocifissa, avrebbe senz'altro avuto una preparazione teologica interiore ineccepibile, poiché solo essa può condurre serenamente alcuno alla crocifissione, pertanto il suo amore steso sul bracere di un intimo, oscuro e segreto dolore quotidiano si sarebbe certamente SUBLIMATO e l'artista avrebbe generato non *'Meravigliosa Creatura'* ma, infine, molto probabilmente, *'Meraviglioso Creatore'.*

Si sarebbe fatta santa, e in casa circondata di figli e figlie sarebbe morta. Laddove è invece rimasta sola nella sua villa coi suoi soldi e la sua arte, in empio tributo alla sua omosessualità degenere.

Resta un dubbio.

Mango innamorato un giorno cantò le lodi di un ente inanimato: il *'Mediterraneo'.*

Ne apprezzava le arance, il sole bianco sulle onde, le chiese da pregare, la calura «per soffrire» e il cielo azzurro sotto il quale morire. La canzone emersa da quest'amore sofferto e tuttavia integrale, è molto bella.

Il dubbio è il seguente:

Un artista che si circonda di
cose che non ama sul serio,
può partorire musica?

La razionalità di una vita tutta edificata su un versetto biblico bello come Romani 1:26-27, potrà mai bastare a generare capolavori artistici?

Un cuore molto sensibile qual è quello di un artista, vistosi sposato con un montone anziché con una ninfea dei fiumi e dei laghi, non potrebbe molto più probabilmente impazzire, che creare sublimi opere d'arte? Il cinghiale dei boschi non interrompe continuamente il processo interno dell'orticoltore?

Il cattolicesimo è dunque questo, una sapiente collezione di antiche massime e ricette per temprare i cuori, umiliarli e ferirli ogni mattina onde generare viventi sintesi teologiche e, se non ci si riesce, languire, patire, ammattire?

XXXII
Omosessualità come «depravazione psicologica punita da Dio con l'AIDS»

Assistere a 17 anni alla morte di un amico omosessuale causa AIDS, potrebbe persuadere più che stabilmente me omosessuale a farmi celibe e casto a vita.

Con sempre davanti agli occhi quelle atroci sofferenze, sarei tutto umile, comprensivo e obbediente ai preti cattolici più conservatori che incalzano nel segreto del confessionale i giovani omosessuali o incerti bisessuali, a rendere a Dio il sacrificio di una esistenza in piena, santa solitudine.

Troppo sangue, troppo dolore io vidi coi miei propri occhi quel giorno in quel letto di ospedale!

Tuttavia, dobbiamo anche qui questionare, perchè il complesso percorso di visioni, istinti e reazioni che mi sta conducendo verso tal vetta di "santità", è questionabile.

Intanto...

La correlazione
AIDS ↔ OMOSESSUALITA'
è diretta?

Al reparto accanto, l'ospedale tiene i malati di gonorrea e sifilide. Sono brutti anche quelli! Poi i malati di cancro e più in là i tubercolitici. Casi umani non meno poveri e drammatici sono codesti.

Allora non vorrei mai ritrovarmi un giorno su uno di quei letti al posto loro, ma ecco una prima luce: mentre per non sputare sangue e spirare con un pezzo di polmone in gola so già che dovrò evitare le correnti d'aria ed i luoghi troppo umidi, per non morire di AIDS saprò già che dovrò evitare i rapporti omosessuali (salvo scoprire l'esistenza di uno ed un solo eterosessuale malato di AIDS per dissolvere questa mia prima confortante sicurezza!).

Ebbene, si, purtroppo nel mondo già esistette un eterosessuale morto di AIDS, quindi:

> ...quale malattia psicologica o inconfessabile vizio o immondo, sbalorditivo peccato ebbe quell'eterosessuale particolare, per essere punito da Dio niente poco di meno che con la stessa identica ed orribile malattia assegnata da Dio in persona agli omosessuali?

Non lo sappiamo, ma il prete cattolico ha fede e pur senza sapere, egli crede e sa che tal eterosessuale morì di AIDS per una colpa che coprì la sua anima di nera pece esattamente come l'omosessuale!

STESSA COLPA STESSA MALATTIA STESSA PUNIZIONE STESSO DESTINO!

> «Ma può essere proprio l'AIDS la punizione di Dio riservata agli omosessuali, se poi accadde che un giovane eterosessuale, già ai suoi primi ingenui rapporti senza contraccettivo con le sue prime normalissime femmine, si trovò infettato e morto di AIDS?»

Ebbene sì, anche questo accadde nel mondo!

Dio ha quindi mandato speciali malattie per ogni speciale vizio o peccato come ha già fatto con gli omosessuali (ai quali negli anni '80 inviò l'HIV quale messo sterminatore), ma ragioniamo ed investighiamo oltre, più ampiamente ed attentamente:

> ...quale peccato interno presenta chi viene colpito da una doppia polmonite, o chi muore di colera in India o di malaria in una capanna in Brasile?

Sicuramente la soluzione migliore in assoluto è non peccare: in questo modo saremo divinamente protetti da ogni malattia, ma nel caso delle malattie a trasmissione sessuale (MTS), esiste un sistema di profilassi sommamente efficace, sicuro e semplice da usare: esso è offerto dalla mano stessa del Creatore, ed è la VOCAZIONE ALLA CASTITÀ E AL CELIBATO.

Essa è così alta e pura, da proteggere sicuramente e perfettamente tutti da tutte le MTS.

Abbracciate con tutto il cuore tale vocazione, per salvare la vostra vita! (ma evitate di dormire in luoghi troppo umidi e le zone paludose, altrimenti pur casti e protetti da San Michele arcangelo, potreste morire in maniera ugualmente terrificante di ebola, denghe o tubercolosi! Le zanzare e i virus non distinguono affatto tra omosessuali ed eterosessuali!).

«Bisogna, ancor prima di parlare,
ascoltare la voce, anzi il cuore dell'uomo;
comprenderlo, e per quanto possibile rispettarlo
e dove lo merita assecondarlo»

Papa Paolo VI

'Ecclesiam Suam' n. 59

[1] Nella Bibbia e nei testi religiosi in generale, si trovano affermazioni di ogni tipo, tra cui alcuni oggi avvertiti come eticamente insostenibili. I periodi che condannano le persone omosessuali sono da collocare tra questi, accanto a quelli che incitano alla violenza o che sostengono la totale subordinazione della donna. Ma in quanto evidentemente tali... sono da «superare»?

Si e no.

E' la parola «superare» che va superata!

Un testo religioso non si «supera», si *accetta* per quello che è, con pregi e difetti esattamente come il colosseo, la torre eiffel o la grande muraglia cinese. Passa il tempo, e non si dovrà "migliorare" proprio nulla!

Il corano o la bibbia non sono libri scientifici, e perciò non c'è nulla da «superare» (alias: riscrivere) perchò solo uno sciocco oggi li interroga per avere risposte "scientifiche".

Va superata, dunque, soltanto la stupidità.

I testi sacri parlano delle tradizioni storiche e spirituali di un'epoca e di un popolo, di una storia e di una cultura, e a tale scopo non è necessario che quel che è più utile da dire sia anche quello più sensato da scrivere.

Il giovane maschio greco veniva "iniziato" dal maschio adulto alla vita sessuale nei bagni pubblici del filosofico paese, sia esso gay o non gay! Questa era una palese violazione ai diritti dell'uomo ad auto-determinarsi!

Pertanto San Paolo, prima ebreo poi cristiano ma sempre cresciuto ed istruito in ambiente greco, registra il dato, l'abuso psichico ed infantile, e non potè non denunciarlo come gli riusciva meglio: con gergo mistico.

L'immonda abitudine omosessuale e socio-politica venne lentamente rimossa dal successivo impero culturale, quello cristiano-romano, e la celebre invettiva paolina contenuta nel testo sacro (Romani 1:26-27) altro non fu che lo strumento di questa trasformazione sociale. Tutto qui.

Certo, il caro San Paolo poteva pure essere più dolce e carino con gli omosessuali, «toccarla piano» come si suol dire, ma in quel contesto storico... avrebbe funzionato lo stesso? Non lo sappiamo!

Non sapendolo, non sappiamo neppure se il mondo che sarebbe sorto senza la bibbia e senza San Paolo (o senza Maometto) sarebbe stato effettivamente migliore.

I testi «sacri» sono tali non tanto perché sono belli, colti e illuminati, ma perché hanno aperto per una generazione un mondo che altrimenti sarebbe rimasto a tutti chiuso ed inaccessibile. Più che «superati», vanno *studiati* e *rispettati* per quello che hanno fatto, per il potere che hanno avuto.

[2] Esiste però nei «disforici», che non sono gli «omosessuali» che potete incontrare per strada!

'DISFORIA DI GENERE' è l'espressione usata dal DSM (manuale di diagnostica delle malattie psichiatriche) per indicare quanti non si riconoscono *fin da fanciulli* – con evidenti, impressionanti segnali – nella sessualità indicata dal proprio corpo. Alla "plebe" la disforia di genere sembra una diversa forma di omosessualità o transessualità, ma non lo è: è il *desiderio di cambiare corpo, distruggerlo o fuggirgli via.* Lo psicologo dovrà capire se questo desiderio è soltanto un riflesso dei desideri dei genitori (che «volevano» un maschio, o una femmina), un riflesso di sentimenti sociali (la società locale apprezza più il maschio o la femmina ed il bambino intende conformarsi a tali implicite dichiarazioni di potere), oppure il frutto triste e confuso di semplice mancanza di autostima, quindi di insufficiente amore genitoriale e personale.

La **disforia di genere** non è fenomeno frequente come l'omosessualità. Nel '900 i disforici erano 4 negli USA, solo nel 2024 – a seguito di molta proganda televisiva ed istituzionale – sono diventati centomila!

[3] L'omosessualità come anche la promiscuità o l'incontinenza sessuale una volta adulto.

[4] Naturalmente, senza effetto, ma più come ardente protestazione di fede apostolica agli occhi del vescovo: *l'amore,* infatti, non filia dalla *ragione.*

[5] *«Isacco introdusse Rebecca nella tenda che era stata di sua madre Sara; si prese in moglie Rebecca e l'amò. Isacco trovò conforto dopo la morte della madre»* (Gn 24:67).

Facciamo una lettura psichiatrica del suddetto bello e apparentemente innocente passo biblico!

Marco Masini cantava negli ani '90: *«...tanto dietro una donna c'è sempre una mamma...»*, e la bibbia suggella ciò!

Quel "far entrare" Rebecca nella "tenda" che era stata di sua madre, che cosa significa simbolicamente e psicologicamente per Isacco, se non un "ricongiungersi" con la madre?

Ma ora questo andrebbe denunciato dalle mogli di tutto il mondo come A. *satanica perversione*, o B. come *naturale debolezza umana?*

La donna occidentale che un orribile mattino scopre di tenere a letto un marito-figlio, dovrebbe A. *compatirlo teneramente*, oppure B. annoverarlo fra gli schiavi di satana e *fargli un esorcismo?*

[6] In un sistema globale e totalizzante, o totalitario, affinché una decisione presa in "camera caritatis" diventi effettiva, deve ottenere l'assenso dei 7 poteri globali: 1. Economico 2. Politico 3. Religioso 4. Militare 5. Mediatico 6. Scientifico 7. Artistico.

Se tutti e 7 i poteri si accordassero, senza frizione, su questo punto, i "cigni neri" diventerebbero la maggioranza, e la omosessualità (o l'omosessualismo) "normale".

[7] Non teologici! La questione dell'omosessualità non può essere sondata alle sue radici da un macchinario teologico quale un testo biblico, ma dalla scienza, e la scienza grazie a Dio si è già pronunciata in merito: *la omosessualità non è una malattia né psicologica né psichiatrica!*

[8] Qualcuno potrebbe pensare che tale 13 enne sia stata violentata o abusata: no, non è il nostro caso: le comuni lesbiche (quelle che non trovi in carcere nel reparto degli infami) hanno avuto una infanzia serena!

[9] Ma alcuni ne prendono coscienza a quest'età, lasciano mogli e figli e votandosi alla «libertà». Ancora, diversi psicologi confermano come costoro abbiano avuto dei segnali nella adolescenza, ma li avessero "repressi" per "non avere problemi" in una società "difficile".

Altri, invece, compiono una scelta molto repentina.

Soltanto in quest'ultimi casi, ma non nei primi, è verosimile credere all'ipotesi paolina secondo cui Dio, vedendo i loro sistematici e profondi peccati, ormai irredimibili, si sia deciso a punirli assai severamente, con un completo pervertimento psicosessuale.

[10] Si tratta di 3-5 omosessuali su 100 soggetti! Su ogni classe di 25 studenti, soltanto uno! Statisticamente l'omosessualità non sembra perciò una *«malattia che mette in pericolo la riproduzione della specie umana»*.

[11] Anche perché... *quale maestro e quale scienza potrà insegnare ad un maschio eterosessuale in una stanza piena di maschi, a vergognarsi ed arrossire, e ad un omosessuale in una stanza di belle femmine, ad invaghirsi e innamorarsi?*

[12] Privato di ogni lecita copula col partner segretamente sospirato, all'omosessuale non resta che copulare col genere di partner indicato dal prete, dai genitori o dalla società per essere felice, accettato e sereno.

Per devozione certo omosessuale cattolico lo ascolta, ma sovente diventa sessualmente frustrato.

«Ti manca il vero amore?».

«Suvvia, figliuolo: assorto in orazione davanti a un tabernacolo, potrai comunque ascendere ai cieli dell'amore di Dio». «Esso ti basterà!».

- «Mi basterebbe e mi dovrebbe bastare se fossi prete come lei, padre. Ai miei amici eteresosessuali, infatti, non è bastato, e si sono sposati.

- «Mi sono convertito come ha detto lei, padre, perché ripeteva che *"tutti devono convertirsi, anche io!"*, ma mi chiedo se intendiamo la stessa cosa quando parliamo di «conversione», dal momento che né lei, padre, né i miei amici eterosessuali, per "convertirsi" hanno mai rinunciato al vero amore.

[13] Alcuni uomini hanno *disfunzioni erettili.* Questo però non significa che non abbiano *desideri sessuali!* Li hanno! Anche anziani, continuano ad averli calorosamente! Soltanto *non mantengono l'erezione,* ciò che provoca loro intima frustrazione, giacchè ad un desiderio donato loro ogni mattina dalla natura e da Dio, non corrisponde o non corrisponde quasi mai l'effetto ultimo: l'erezione e la conseguente, gioiosa eiaculazione.

Perciò, una cosa è acquistare sostanze chimiche per *coronare* il desiderio d'unione amorosa, ben altra acquistare sostanze chimiche per *farlo sorgere! Modificarlo o sostituirlo* con un altro più "normale", ritenuto psicologicamente più accettabile e civicamente più utile (contro il calo demografico delle società occidentali).

[14] Anche il nostro testo/capo religioso di riferimento, dopotutto, ci ha comandato di ricercare l'armonia, la pace,

la gioia e la bellezza! Se non ci comanda queste cose e ci comanda la salute degli altri ma non la nostra, è degno della nostra fiducia?

[15] Dio disse a un uomo: *«Ti ho dato questa croce, non spezzarla e non cambiarla, perché un giorno essa sarà il tuo premio, la tua pace e la tua gioia».*

L'uomo tornò a casa sua, ma non capiva e soffriva troppo, così andò al negozio e, dopo aver pregato intensamente in assoluta umiltà, con le lacrime agli occhi la cambiò con una più piccola: *«Dio è buono, capirà»,* si disse infine.

Passarono gli anni, e con la sua croce andava leggero in tutto il mondo, finché da lontano finalmente scorse un paese meraviglioso, dove non serviva lavorare e le case ed il sole erano i più belli che avesse mai visto.

«Come abitare qui?» chiese al portiere della città.

«Questo è il paese dei saggi e dei forti. Mostrami la tua croce».

L'uomo gliela mostrò, ed il portinaio trattenne a fatica una risata.

«Caro amico e viaggiatore, noto che sei alto e robusto, ma per qualche motivo non ancora abbastanza muscoloso. Allenati ogni giorno a portare pesi e croci adatte alla tua stazza, e poi sarai degno di stare con noi!».

L'uomo tornò al negozio, ma non trovò più la sua croce, quella per la quale Dio gli aveva raccomandato: *«non spezzarla e non cambiarla, perché un giorno sarà il tuo premio».*

Continuò a vagare molti altri anni con la sua piccola croce sulle spalle, interiormente addolorato perchè nessuno dei paesi presso cui alloggiava, era casa sua.

[16] Da questa esperienza, realmente accaduta e qui riportata indirettamente, anonima, deduciamo che una sessualità felice ed appagata, non basta a rendere pieno, felice, completo ed appagante un amore. Evidentemente, allora, **un matrimonio *a massima polarizzazione sessuale* (eterosessuale) potrebbe bastare ad avere una *sessualità felice,* ma non necessariamente una *vita* felice!**

[17] Questa traduzione del versetto biblico (Gn xx:xx) fa il paio alla precedente: «maschio e femmina *lo creò*», con cui la Chiesa, riferendosi all'*uomo in generale*, marcava più proprio quest'aspetto, quello della *Unicità dell'Atto Creazionale* dei corpi umani da parte di Dio. Ma quella traduzione prestava il fianco ad interpretazioni del tipo: «Dio in origine creò un essere androgino», e perciò nel 2002 fu cambiata con l'attuale: «maschio e femmina *li creò*».

[18] Donne vestite da uomini generalmente fanno "arrapare", ma un peloso bodybuilder vestito da donna, oggi, fa tutt'altro che arrapare! Appare «ridicolo!».

Questo significa che è ancora il *Gusto Sociale* di una intera generazione ad essere intriso di "maschilismo" (o di buon senso?), e non soltanto pochi residuati uomini d'epoca!

[19] La cultura cattolica avrebbe dovuto vivere come alternativa alle storture della cultura moderna, e invece ne è

divenuta una costola. Avrebbe dovuto lavorare per l'uomo, *ogni uomo,* e non contro alcuni uomini! Insieme a valori giusti, la religione cattolica ne ha così regalati altri scorretti o imprecisi e molti li assorbono fin da bambini. Ma il cuore del vero credente, no.

[20] L'ultrasinistra transumana (e disumana), econazista, filantropocapitalista e nazisanitaria, sembra oggi aver abbracciato l'estremismo più eccentrico, razionale ed irrazionale al tempo stesso, ma non già per una logica e precisa ragione culturale: **distinguersi, evitare di affogare, continuare ad esistere**, sembrano essere le 3 parole d'ordine che giacciono silenziose in fondo alle surreali scene di teatro che ha montato su palchi soprattutto internazionali.

Chi visse nel tempo (primo vent'ennio del secondo millennio) in cui la sinistra perse il suo volto, il suo antico nome, questo lo sa, e la perdona per il grande scivolone che ha preso.

Tuttavia resta male.

Dopo un tempo di profondo esilio dalle cancellerie del pianeta, la sinistra potrà tornare al governo, ma con un programma culturale più saggio, più moderato, più pio, più sensato, più buono e più rispettoso dei popoli-nella-storia, in una parola: *più umano.*

[21] Italo Calvino diceva che *«scrivere è sempre nascondere qualcosa in modo che venga poi scoperto»* - così non posso garantire ogni lettore del suo investimento di tempo. Ma *«abbi pazienza con me e ti rifonderò il debito!»* (Mt 18:29). Forse, alla fine, qualcosa di buono anche per te, troverai!

[22] **Gran parte delle piante sono ermafrodite (transex)**, una buona percentuale *monoica* (fiori maschi e fiori femmina sulla STESSA pianta), e solo una sparuta minoranza *dioica* (cioè piante maschie e piante femmine separate, ognuna con propri distinti organi sessuali ed in reciproca ricerca - un kiwi non fruttifica senza la sua kiwa nei paraggi! Ciò che non vale per i meli, i peri, gli aranci etc etc). *L'eterosessualità*, dunque, tra le piante, NON E' "NATURALE", giacchè la maggior parte produce frutto e può offrirlo agli uomini, solo quando si accoppia "con se stessa"! in un anticristiano *«Amore Narcisistico»*.

[23] E' ora di dirci la verità. Tutta intera però!

Per una donna... è naturale rimanere incinta senza aver avuto un rapporto? *«Nulla è impossibile a Dio!»*, persino rompere le "regole dell'amore".

[24] Questo però è più specifico della *natura bisessuale!*

Una vera lesbica non desidera affatto trovare un pene dentro le mutande della sua compagna, ed il gay maschio non ama affatto vagine tra i pantaloni del suo partner!

Tuttavia, si vuole dire, il partner visceralmente desiderato in genere tiene uno ed un solo aspetto, e la natura o inclinazione omosessuale permette ad alcuni di donare amore al 100% ad altre persone che, senza tale donazione priva di riserve e "vergogne", resterebbero per tutta la vita vuote di quella **soddisfazione sensuale e affettiva piena e fragrante** biblicamente concessa come «dono di Dio» *soltanto* agli eterosessuali.

[25] La produzione di figli è un miracolo che assicura i canali della benedizione del Signore. Ma i preti e le suore non fanno figli.

Quindi sono maledetti o maledicibili dal Signore?

La biologia e le produzioni biologiche non sono il segnale ultimo e definitivo della benedizione del Signore!

[26] Naturalmente con ciò non si vuole dire che l'amore di una madre o di un padre, per essere vero amore, debba essere *sessuale.*

Anzi, l'amore di un padre verso il figlio o di una madre verso la figlia, quando è viscerale è molto più puro dell'amore adulto sia omosessuale che eterosessuale. E tuttavia i figli sono destinati a sviluppare comunque una propria determinata polarità sessuale, indipendentemente dalle dosi di amore ricevute dai genitori!

Ma **l'amore non ha colori pre-determinati**, e presso *adulti consenzienti non consanguinei* attratti spontaneamente l'uno dall'altro, il giusto amore genera amore, piacere, gioia, esaltazione dei sensi, non dolore, carenza, dispiacere, un senso di ottundimento.

[27] Rm 1:26-27

[28] La Chiesa consiglia agli omosessuali la castità, in caso che l'altra opzione – il matrimonio – non sia perseguibile. Quest'altra opzione, dicevamo, è la "Conversione Totale e definitiva" quindi il matrimonio un po' "costipato" con un eterosessuale normale, ma è ovvio che questa soluzione è

totalmente inappagante per un *omosessuale puro*, mentre è maggiormente possibile per un *bisessuale*.

La terza via suggerita dalla Chiesa, è una vera e propria convivenza con l'omosessuale di proprio gradimento, purché sia vissuta «come fratello e sorella», cioè senza fare sesso.

E' una croce, questa, più facile da portare rispetto ad una castità assoluta, solitaria?

Forse si, forse no, dipende dalle caratteristiche delle personalità coinvolte! Ma una tentazione costante, strutturale, è superabile? Non si diceva: «propongo con il tuo santo aiuto di *fuggire le occasioni* prossime di peccato»?

E' certo dunque almeno e soltanto questo: sull'omosessuale incombe una croce, un sacrificio di sè, una de-privazione ed una evirazione di ciò che fa un uomo un uomo – un maschio un maschio ed una femmina una femmina – che i santi apostoli e i santi ed etersosessuali martiri del Signore neppure se lo sognano! E' più facile infatti partire per l'India e imboccare mille fanciulli, che strapparsi di dosso la voglia di essere amati da ciò che si ama! Per rimanere aridi in un mondo senza più il nostro vero e profondo, autentico amore.

E' ben strano che non la Natura ma un Dio veramente Dio, abbia fatto alcune persone per essere *meno Persone, meno complete e meno innamorate delle altre.*

[29] Per avvicinarsi alla comprensione di questo mistero della natura, basta provare a percorrere il processo psicologico inverso: come dire ad un etersosessuale-maschio, che *dovrebbe amare* il fallo?

Cosa replicherebbe?

Ebbene, la risposta istintiva di costui (che possiamo tutti immaginare), ha lo stesso identico tenore, direzione e profondità (ma verso opposto) di quella di un omosessuale-maschio a cui venga proposto di amare la vagina!

[30] Il magistero cattolico pare dedurre dalla biologia o neurochimica omosessuale "il segno divino" per una vocazione alla eterna e nobile castità, ma lo stesso magistero deduce da una impetuosa e promiscua neurochimica eterosessuale, "il segno" certissimo per una comunissima vocazione al matrimonio.

Delle due l'una!

Il complesso di tratti ormonali, naturali, fisici e psicologici propri di una Persona, è segno o non è segno di una chiamata da parte di Dio a formare una coppia sessualmente unita?

A seguito di alcuni versetti biblici, il magistero esclude poi che gli omosessuali siano vocati a conseguire unioni sessuali, così assegna ad essi un'altra vocazione: quella alla castità perpetua, che però è talmente intensa, pura, profonda e difficile (non si tratta della vocazione a impastare pizze!), che ne tira con sé necessariamente un'altra: quella a *consacrarsi interamente* a Cristo (o alla vergine Maria), vocazione, questa, ancora più radicale e totale della prima! Giacchè senza un miracolo grande e continuo te lo puoi scordare di vivere *casto e felice* tutta la vita!

Par di aver a che fare, di conseguenza, con la cultura druida della Cornovaglia ante-cristo, quella per la quale se nascevi con i capelli rosso-fuoco, la pelle molto chiara, gli occhi viola e qualche lentiggine, eri certamente una *strega*: **vocata *per natura* a divenire sposa** del demonio. Nel nostro caso, di Cristo (o di Maria).

Ma la chiamata di Dio (alla castità), logicamente, non può dipendere da quali tipo di ormoni maturi nel tuo corpo sin dalla nascita o nell'adolescenza. **Il chiamato deve sentirsi chiamato ad una virtù dall'interno, non proprio da come è fatto!**

Una Chiesa cattolica moderna non dovrebbe incalzare una sorta di algebra divina per la quale, se nasco con 6 dita o alla pubertà mi spunta il settimo, allora devo offrirmi in olocausto al Dio della città, su quella solitaria roccia nel mare!

[31] ...ma tutto quanto è raro ed infrequente solitamente stordisce l'osservatore! Così, anche quel «bruciateli nel loro letto!», in fondo, è "naturale", nel senso di *umanamente comprensibile* per una umanità, quella antica, ancora molto primitiva.

[32] Il celibato non produce *Figli Legittimi* dai quali, per normale diritto ereditario, il patrimonio totale dell'Ente Universale *'Chiesa'* potrebbe frazionarsi e, nel tempo, ridursi. Il celibato, però, può sempre produrre causa occasionali cadute, *Figli Naturali,* che saranno assistiti dal «padre» a distanza e informalmente (ma non avranno diritto ad ereditare alcun bene ecclesiastico gestito dal padre-pastore).

In alcuni casi il padre lascia l'ufficio ecclesiastico e si dedica anima e corpo alla famiglia - trasformando i figli *naturali* in figli *legittimi*; in altri casi il padre continua a concepire la copula dalla quale nacque un figlio, non una chiamata ma un errore della sua vita, e perciò non lascia l'ufficio ecclesiastico.

[33] Se poi non c'è la fai ad essere davvero casto, avrai uno stipendio (se prete diocesano) e casa e vitto assicurati (se consacrato conventuale) ma ti farai del male e farai del male alla Chiesa...

[34] Ed in questo caso, è l'eterosessuale non l'omosessuale che incontra nel mondo, al bar come a scuola, più frequenti occasioni di peccato, quindi la possibilità di una irregolare vita sessuale!

[35] L'uomo-prete perfetto è come se non avesse corpo e desideri sessuali... *il prete perfetto è proprio come un angelo,* o come un uomo-senza-prostata! Infatti se ogni erezione è "peccaminosa" - il che non lo è davvero tuttavia "sporca" sempre la coscienza più delicata – allora è l'angelo e non il monaco che si sveglia ogni mattina con una erezione, il modello di castità "perfetta"!

[36] ...o Maria, Madre della Chiesa.

[37] ...capo della Chiesa.

[38] ...Ma purtroppo questo pontificato pare dire tutto ed il contrario di tutto! Nella *Ratio Fundamentalis* pubblicata nel 2016, la Congregazione per il Clero ha evidenziato che *«in relazione alle persone con tendenze omosessuali che si accostano*

ai seminari, o che scoprono nel corso della formazione tale situazione, in coerenza con il proprio magistero, la Chiesa, pur rispettando profondamente le persone in questione, non può ammettere al seminario e agli ordini sacri coloro che praticano l'omosessualità, presentano tendenze omosessuali profondamente radicate o sostengono la cosiddetta cultura gay». Il Vaticano, insomma, non ha affatto cambiato linea e le parole di papa Francesco non vanno interpretate come se rappresentassero una "svolta dottrinale".

«Se un candidato – continua il su citato testo - *pratica l'omosessualità o presenta tendenze omosessuali profondamente radicate, il suo direttore spirituale così come il suo confessore hanno il dovere di dissuaderlo, in coscienza, dal procedere verso l'ordinazione».*

[39] Non si tratta di *estinguerle, soffocarle...* attento caro lettore, questo è impossibile! Non cercare di farle sparire da te e dalla tua anima! E' impossibile!

Si tratta di *gestirle...* il termine è molto diverso e nasconde un'arte, certamente anch'essa difficile da imparare.

Sia l'eterosessuale che l'omosessuale dovranno scavare una stanza segreta nel fondo del proprio cuore, sarà un santuario ove porre il dipinto dell'amato/a e ivi una croce.

Da questa croce sgorgherà sangue al passaggio di ogni bella donna o bell'uomo nel mondo, ma poiché la cosa è accettata e prevista, l'inserviente al santuario asciugherà ogni volta prontamente il tutto, sebbene laconicamente, per ogni ora del Jetsemani.

Se ami di più il Signore – e il sacro interesse di Madre-Chiesa – dovrai sopportare questa croce e le sue improvvise effusioni di sangue, tutta la vita. Per amore del Signore! Del resto anche Gesù portò per te una croce che come vedi in tante immagini devozionali, solca ancora il suo nobile Cuore.

[40] *«Fai il rosario tutti i giorni, e vedrai che Maria, che è madre, ti libererà da questo brutto male! Scoprendo una forma di gaudiosa erezione per ciò che, solo al momento, non ti eccita affatto!».*

[41] In realtà infatti l'amore stesso appare "dannoso in sè": chi non trova l'amore, anche eterosessuale, è condannato ad una vita di stenti emotivi, triste o quantomeno difficile, solitaria. Ma non per questo i genitori dissuadono mai i figli dall'innamorarsi e dall'inseguire l'amore, quello vero e grande, che dona calore ai giorni e fa saltare il cuore in gola, *«la speranza è l'ultima a morire!».*

[42] ...Ma la moderna scienza psichiatrica e psicologica non conviene su questo punto! Quindi la Chiesa... possiede un proprio team scientifico, di capacità superiori a quello terrestre?

[43] Essendo questo testo un rimaneggiamento di contenuti scritti più di 10 anni or sono, non ricordo e non sono in grado di riportare precisamente le *fonti*. La citazione però è sempre utile, perché riprende se non l'attuale *pensiero ufficiale* della Chiesa cattolica, sicuramente quello interiore e segreto di molti cristiani, esistente ancora oggi. Proviamo, dunque, a ridimensionare quest'ultimo.

[44] *Catechismo della Chiesa Cattolica.*

[45] Nel frattempo frequentai un corso di '*Morale Sessuale*' ad una facoltà pontificia. Il pensiero esposto dall'accademico è lievemente diverso da quello su esposto!

Il docente mostrò grande cura nel sottolineare e ripetere che «**l'omosessuale resta sempre *Persona***», quindi degna di rispetto amore perdono etc.

Se però un devoto cattolico pensa o dichiara formalmente o informalmente che *«l'omosessualità è una condizione patologica, che ostacola la piena realizzazione della Persona»*, ed è *«incompatibile con i livelli più profondi della Persona»*, la contraddizione logica è evidente. Delle due l'una!

[46] E così, pastoralmente il "buon pastore" pare voglia raccogliere nel proprio ovile anche queste pecore evidentemente nere, ma teologicamente brandisce una paurosa mazza contro di loro.

Vi sembra abbiano scritto «tonti» in fronte?

Sopravvalutate le vostre antiche arti dialettiche! Gli omosessuali sono tutti scafati figli dell'Occidente, non solo hanno studiato, hanno anche sofferto! Non sono i bimbi sperduti da raccogliere nell'isola che non c'è, quindi anche se non utilizzerete mai direttamente quella parola, quando c'è essi la vedranno ben chiaramente spirare fumigante dalle vostre labbra e da tutti i vostri modi: *discriminazione*.

Una persona discriminata fin dai primi banchi di scuola, è più sperta ed attenta dell'analogo bambino non discriminato.

[47] Quella di una donna verso un'altra donna, come abbiamo già ricordato, è più tollerata... dimenticata.

[48] Non è infatti difendendo i diritti della maggioranza, o di una minoranza, che l'*Umanità Generale* viene aiutata, servita.

Servire politicamente una minoranza, o una maggioranza, non è sviluppare TUTTO L'UOMO! Ma soltanto una parte di esso.

Ciò verso cui dobbiamo tendere, è un tempo in cui maggioranza e minoranza, confluendo verso *La Comunità,* riconosceranno ognuna i propri limiti e si rispetteranno davvero, con il cuore (non solo con le parole).

[49] Fu solo nel Concilio Vaticano II che si superò la visione prettamente "funzionalista" del sesso (come *"produzione di figli onde allontanare il pericolo dell'estinzione di massa")* concependolo *anche* come "metodo" di "saldatura" del legame matrimoniale.

[50] L'omofobia religiosa è forse solo una delle conseguenze del moderno raziofascismo, per cui tante personalità incompiute arrivano a convincersi che la scienza, la razionalità e le verbose discussioni (libri, conferenze e cicli di studio) possano risolvere ogni problema dell'umanità.

«In amore il vero peccato è pensare».

Nella dimensione erotica non ci sono ragioni da capire e *perchè* da scoprire, situazioni da perdonare e passati da sviscerare, perchè, nell'amore più puro e perfetto, non ci sono colpevoli da trovare.

[51] I poteri della «terapia» potrebbero essere leggendari. Ma qualora un bimbo in una famiglia di cattolici una volta adulto sviluppasse una formidabile avversione per il cattolicesimo, lo si metterebbe in «terapia»? Se Gesù è la Verità – e i suoi modi di vita giusti e santi – chi vi si oppone va terapizzato, qui e ora, prima che sia troppo tardi?

[52] Nell'erotica non ci sono dunque mai scelte *completamente* libere, la razionalità non ha il potere di ordinare nulla e gli "incidenti" non esistono!

Una esperienza omosessuale, pur transitoria, tradisce una radice, una profonda inclinazione, un gusto che tuttavia è bene abbandonare subito se non arricchisce il senso del sé come in un primo tempo ci si era immaginati.

Compresa questa non-scelta, accettato un tale intimo orientamento, il prete cattolico che "comanda" a un gay di astenersi da rapporti omosessuali – consentendogli però quelli eterosessuali, lo condanna in fondo alla solitudine, ad una aridità ambigua e misteriosa, alla coltivazione di fiori che non dovranno mai completamente fiorire, alla mancanza di relazioni amorose genuinamente appaganti, ciò che è invece ogn'ora concesso a tutti gli altri eterosessuali del mondo noto, pure stupidi e promiscui.

[53] ...e pure un grandissimo santo, in quanto, come i fachiri indiani, dovrà acquisire ***il pieno controllo persino del suo sistema ghiandolare.***

[54] Se le conseguenze dirette e oggettive di questa malattia non minano concretamente la salute del malato e del suo prossimo, potremmo avanzare qualche dubbio anche nel definirla *«malattia»!*

[55] D'altra parte, il fedele in particolare cattolico avrebbe qualche strumento in più dell'ateo per sviluppare una umiltà più organica, se fosse *fedele* sul serio!

Infatti **non può esserci nessuna uguaglianza con Dio finché siamo sulla terra.** Quindi nessuna perfezione.

L'unica che si conformò al modello del tutto perfettamente, fu la *Madre di Dio*, ma lei potè farlo in virtù di una virtù divina specifica: la esenzione dal peccato originale.

I figli di Eva, invece, non essendone esenti, non possono non conformarsi al Bene *sempre malamente.*

I più di noi sono, per così dire, "segni di sottrazione", nel senso che non realizziamo mai completamente le eccelse speranze che il Padre celeste nutre per noi, ma Maria è un piccolo e raro ed unico segno di uguaglianza e pienezza: in lei modello e copia sono perfetti. Ella sola è precisamente come è stata prevista, progettata e sognata da Dio!

Ciò vuol dire che TUTTO NELL'UOMO SARA' SEMPRE "MENO" RISPETTO AL VOLUTO DA DIO. *Non potrà essere diversamente.*

L'esercizio della sessualità da parte di un eterosessuale sarà sempre "meno" rispetto al voluto da Dio; e l'esercizio della sessualità da parte di un omosessuale sarà sempre meno, più sporco e disordinato rispetto al voluto da Dio.

A nessuno dei due sarà né può essere richiesto quel "di più" che lo farebbe o l'avrebbe fatto perfetto dinanzi a Dio. Perchè mai, quindi, pretendere dagli omosessuali i *salti mortali,* come fosse un loro particolare dovere di nascita, e dagli eterosessuali solo salterelli più piccoli e normali come la fidanzatina a 15 anni, i Primi baci, le prime esperienze sessuali ed infine il matrimonio e non già la pura castità, l'ascesi, l'isolamento, la sofferenza e la solitudine destinata invece a coloro che devono rifiutare ogni genere di copula ed amplesso amoroso, gli omosessuali?

SE OMOSESSUALI ED ETEROSESSUALI SONO UGUALI IN UNA DEFICIENZA SOSTANZIALE AL COSPETTO DI DIO, PERCHE' CONSENTIRE AGLI UNI E NON AGLI ALTRI LA GIOIA DEL COITO?

[56] Il "raziofascismo", in breve, è l'arte di credere solo e soltanto alla *propria* razionalità, a dispetto di qualsiasi testimonianza contraria, intuizione o evidenza non suffragata dal PROPRIO "metodo".

Una volta che un individuo o società ha abbracciato con fede indiscussa ed indiscutibile una razionalità (la propria) ed un metodo di certificazione del reale (il proprio), non si libererà dalle visioni e dalla cultura conseguente se non attraverso grandissimi dolori, episodi terrificanti, prove inumane, super-naturali.

Pertanto, il *raziofascismo* è una vera e propria *schiavitù*, di se stessi verso se stessi.

[57] A parte le belle dichiarazioni di principio, attualmente nella cultura occidentale un omosessuale maschio non può non essere visto come mezzo-maschio, anche se molto virile e dotato!

La propaganda istituzionale a favore dell'omosesualismo in questi anni è stata intensa, tuttavia *qualcosa resiste...*

Il senso comune? Le tradizioni? La verità?

Beh, l'importante è che non vi creda anche tu!

A volte... negando il mondo una tua qualità, con la tua incertezza si dilegua anche quella tua qualità.

Non permettere che la preziosa tua bellezza, benchè omosessuale, faccia la medesima fine!

[58] Il mondo tende a guardare teneramente due donne che si stringono la mano, e non vengono considerate "mezze-donne", quanto invece doppiamente-donne. Perchè? Perchè *la cultura occidentale è maschia,* e al maschio piace molto la donna! Se quindi sono due, è meglio.

[59] Una volta gli scienziati parlavano del «flogisto» quale sostanza imponderabile tra l'aria e «l'etere»; cò vuol forse dire che i pionieri della chimica barocca erano bravi, mentre i loro **odierni prosecutori**, i chimici contemporanei, sono degli "ignoranti traditori"? *La scienza evolve!*

[60] Esso riceve sempre il *cibo* dai genitori sotto lo stesso *tetto*, è questo tutto sommato il sommo potere dei genitori sul bambino!

www.ingramcontent.com/pod-product-compliance
Lightning Source LLC
LaVergne TN
LVHW050543160826
845677LV00011B/2157

* 9 7 9 8 2 3 0 6 2 0 0 2 0 *